ÉLÉMENTS
DE LÉGISLATION COMMERCIALE
ET DE
TENUE DES LIVRES.

BESANÇON, TYPOGRAPHIE D'OUTHENIN-CHALANDRE FILS.

ÉLÉMENTS
DE LÉGISLATION COMMERCIALE

ET DE

TENUE DES LIVRES,

RÉDIGÉS

POUR LES ENFANTS

PAR A. BLIN,

Licencié ès lettres, Principal du Collége de Gray.

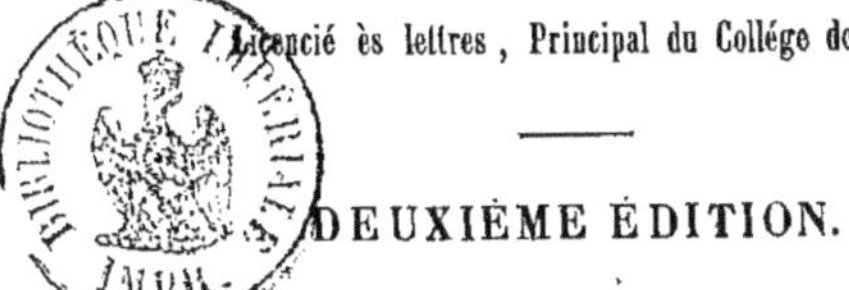

DEUXIÈME ÉDITION.

Prix broché : 1 fr. 50 c.

GRAY,

JÆGER, LIBRAIRE-ÉDITEUR.

PARIS,	**MARSEILLE,**
PAUL DUPONT.	ALEXANDRE GUEIDON,
45, rue de Grenelle-St.-Honoré.	rue Théodore, 1.
STRASBOURG,	**BESANÇON,**
Vᵉ BERGER-LEVRAULT ET FILS,	OUTHENIN-CHALANDRE FILS,
rue des Juifs.	rue des Granges, 23.

1860.

PRÉFACE.

—

Point d'industriels ni de commerçants qui n'aient eu à regretter, surtout au début, leur ignorance en législation et en tenue des livres. Ces regrets, souvent provoqués par de graves dommages, on les leur eût épargnés, si l'on avait fait entrer sérieusement dans leur éducation l'enseignement de deux sciences si importantes pour eux.

La législation commerciale et la tenue des livres sont, il est vrai, généralement considérées comme au-dessus de la portée des enfants. Elles ne leur offrent cependant pas plus de difficultés que le catéchisme, l'arithmétique, etc., que la plupart finissent par apprendre.

Il faut les leur présenter sous des formes

simples, naturelles, comme leur sont présentées
ces diverses connaissances, et ils arriveront à les
posséder aussi. C'est ce que j'ai cherché à faire
dans ce petit ouvrage, tout pratique, dans la
composition duquel je ne me suis d'ailleurs pro-
posé qu'un but : être utile.

LÉGISLATION COMMERCIALE

ET

TENUE DES LIVRES.

~~~~~~~~~~~~~~~~~~~~~~~~~~~~~~~~~~~~

CHAPITRE PREMIER.

Du Commerçant.

D. Qu'est-ce que faire un acte de commerce ?

R. C'est en général acheter pour revendre et vendre après avoir acheté.

D. Qui sont ceux que la loi désigne sous le nom de commerçants ?

R. Ceux qui font par état et habituellement des actes de commerce.

D. Que doivent faire ceux qui veulent devenir commerçants ?

R. Ils doivent prendre une patente et payer certains droits.

D. Suffit-il à une personne qui n'a pas vingt et un ans accomplis de prendre une patente ?

R. Non : pour qu'un mineur soit commerçant, et que ses engagements commerciaux soient valables, il faut : 1º qu'il soit émancipé ; 2º âgé de plus de dix-huit ans ; 3º autorisé par son père ou sa mère, si le père est mort ou ne peut donner son consentement, à leur défaut par un conseil de famille dont la délibération doit être homologuée, c'est-à-dire approuvée par jugement du tribunal civil ; 4º l'acte d'autorisation soit des parents, soit du
~~~~~~~~~~~~~~~~~~~~~~~~~~~~~~~~~~~~

conseil de famille, doit être affiché dans l'auditoire du tribunal de commerce.

D. La femme mariée peut-elle exercer le commerce?

R. Oui ; mais seulement avec le consentement de son mari. Elle n'est commerçante que si elle fait un commerce séparé de celui de son mari.

CHAPITRE II.

Des Sociétés.

D. Qu'entendez-vous par *société* en général?

R. La société est un contrat par lequel deux ou plusieurs personnes conviennent de mettre quelque chose en commun, dans le but de partager le bénéfice qui en pourra résulter.

D. Qu'est-ce qu'une *société commerciale?*

R. Celle qui a pour objet des opérations de commerce.

D. Combien la loi reconnaît-elle d'espèces principales de société?

R. Trois : *la société en nom collectif, la société en commandite* et *la société anonyme.*

D. Qu'est-ce que la société en nom collectif?

R. Celle que forment plusieurs personnes dans le but de faire le commerce sous une raison sociale, c'est-à-dire sous une dénomination formée du nom d'un ou de plusieurs des associés, avec l'addition de ces mots *et Compagnie,* comme par exemple, J. LAFFITTE ET Cie.

D. Qu'est-ce que la société en commandite?

R. Une société qui existe entre des associés dont un ou plusieurs sont tenus indéfiniment et solidairement des

engagements de la société, et les autres, appelés comman-
ditaires, sont tenus seulement jusqu'à concurrence de
la mise qu'ils apportent dans la société.

D. Qu'est-ce que la société anonyme ?

R. Une société autorisée par décret de l'Empereur,
qualifiée seulement par la désignation de l'objet de ses
entreprises, et administrée par des mandataires.

D. Quelle différence y a-t-il entre ces diverses sociétés ?

R. Dans la première, les associés sont solidairement responsables, sur tous leurs biens présents et à venir, des
faits de la société ; dans la seconde, partie des associés
sont responsables comme dans la première, les autres ne
peuvent perdre que leur mise ; dans la troisième, les associés ne peuvent perdre que la somme pour laquelle ils sont
intéressés dans la société. Les gérants sont responsables.

D. Comment se constate l'existence des sociétés ?

R. L'existence des deux premières se constate par actes
sous seings-privés ou notariés, dont extrait doit être déposé
au greffe du tribunal du lieu, sous peine de nullité de la société ; et celle de la troisième, par actes publics, qui doivent
être affichés avec le décret impérial portant autorisation.

D. Comment se transmettent les droits des associés ?

R. Les droits des associés responsables ne peuvent être
transmis ; ceux des autres peuvent l'être par la cession du
titre ou par le changement de l'inscription qui les constate.

D. N'existe-t-il pas une quatrième espèce de société ?

R. Il en existe une autre appelée *société en participa-
tion*, relative seulement à une ou à plusieurs opérations
commerciales ; elle n'est sujette à aucune des formalités
prescrites pour les autres, et son existence se prouve par
les livres, la correspondance et le témoignage.

CHAPITRE III.

Des Ateliers et des Magasins.

D. Peut-on établir toute espèce de fabriques et d'ateliers en toute espèce de lieux ?

R. Non : les ateliers ou fabriques insalubres et incommodes ne peuvent, aux termes de la loi, être établis dans l'intérieur des villes et villages, ou n'y peuvent être établis qu'en vertu d'autorisations spéciales délivrées par l'autorité compétente.

D. Qu'appelle-t-on *droits de voirie ?*

R. Une espèce d'impôt que lève l'autorité administrative et l'autorité municipale, en accordant aux particuliers la permision de construire, de réparer ou d'embellir leurs boutiques ou magasins, et en délivrant l'alignement des maisons.

D. Que prescrivent les lois relativement à l'établissement des commis ou garçons qui sortent d'un magasin, et aux enseignes à adopter ?

R. Les lois défendent aux commis de s'établir dans le voisinage de ceux chez qui ils ont été employés ; elles défendent en outre l'adoption de l'enseigne d'un magasin du voisinage : or le voisinage se calcule ici non-seulement sur la distance des lieux, mais encore sur les moyens et les facilités de nuire au commerce d'autrui.

D. Comment se fait la location d'une boutique, d'un atelier, d'un magasin ?

R. De trois manières : par *bail sous seing-privé*, par *bail devant notaire* et verbalement.

Le bail sous seing-privé doit être fait double, mentionner l'accomplissement de cette formalité, être écrit sur papier timbré. Il est souvent utile de le faire enregistrer. Il ne donne pas le droit de faire vendre directement sur saisie les meubles du locataire. Cela ne peut avoir lieu qu'en vertu d'un jugement.

Le bail notarié donne le droit de faire saisir sans jugement. Les frais et l'enregistrement de l'acte sont d'ordinaire à la charge du locataire.

Un bail verbal ne peut être contesté, s'il a reçu un commencement d'exécution. A défaut de cette preuve, l'existence d'un bail verbal contesté ne peut être légalement établie que si celui qui le nie refuse de jurer que le bail n'a pas été conclu entre lui et son adversaire.

D. Qu'entend-on par *état des lieux* ?

R. L'état des lieux est la description détaillée des choses louées. Il est fait le plus souvent à la diligence du propriétaire. Il sert à constater, s'il y a lieu, les réparations auxquelles est tenu le locataire à la fin du bail.

D. Quand et comment finit le bail ?

R. S'il est écrit, il finit à l'époque fixée dans l'acte. S'il est verbal, aucune époque n'étant fixée par les parties pour l'expiration du bail, on suit l'usage des lieux. Toutefois celle des parties qui désire la résiliation, doit avertir l'autre par un *congé* donné dans le délai d'usage.

D. Dans quelle forme le congé est-il donné ?

R. Par acte d'huissier, si l'on suppose que la partie à qui il est donné, fera des difficultés.

D. Le déménagement doit-il avoir lieu le jour même de l'expiration du bail ?

R. Non : l'usage est d'accorder plusieurs jours de grâce, dont le nombre varie depuis un jusqu'à quinze, proportionnellement à l'importance du loyer.

D. La mort de l'une des parties ou la vente de la chose louée détruit-elle les effets du bail ?

R. Non, à moins de stipulations contraires (1).

CHAPITRE IV.

Des Ventes et des Achats.

D. Combien compte-t-on d'espèces de vente ?

R. Cinq espèces : 1° la vente d'un objet déterminé, par exemple, de tel cheval ; 2° la vente en bloc ; 3° la vente de choses qui se comptent, se pèsent ou se mesurent ; 4° la vente des choses que l'on goûte ; 5° et la vente des choses qu'on prend à l'essai.

On compte autant d'espèces d'achat.

La vente d'un objet déterminé et la vente en bloc sont parfaites dès l'instant qu'elles sont conclues, avant la livraison et le paiement du prix ; celles au poids, au compte, à la mesure, le sont seulement quand les marchandises ont été pesées, comptées, mesurées ; celles des choses que l'on goûte ne le sont que quand les choses, ayant été goûtées, ont été trouvées conformes à l'échantillon ; celles enfin dites à l'essai, ont besoin, pour être considérées comme parfaites, que les objets vendus et achetés aient été trouvés convenables.

(1) Le nouveau propriétaire des lieux loués n'est pas tenu de respecter un bail qui n'aurait pas date certaine avant son acquisition, c'est-à-dire qui n'aurait pas été enregistré avant cette époque.

D. Comment se constatent la vente et l'achat ?

R. Par actes notariés ou sous seing-privé, par l'arrêté d'agents ayant commission, quand cet arrêté a été signé dés parties ; par l'acceptation de la facture, par les livres de commerce, par la correspondance et quelquefois par le témoignage.

D. Où doit se faire la délivrance des marchandises achetées et vendues, et aux frais de qui cette délivrance et l'enlevage qui la suit, sont-ils ?

R. La délivrance doit se faire au lieu où étaient, à l'époque de la vente, les marchandises achetées ; elle est aux frais du vendeur, tandis que l'enlèvement est à la charge de l'acheteur, à moins toutefois de conventions contraires.

D. De quels vices l'acheteur est-il garant ?

R. 1o Des vices qui rendent la chose impropre à l'usage auquel l'acheteur la destinait ; 2o des vices qui diminuent tellement cet usage, que l'acheteur n'eût pas acquis la chose s'il les avait connus ; 3o des vices qui sont tels que si l'acheteur les eût connus, il eût acheté la chose moins cher.

D. Qu'appelle-t-on *vices rédhibitoires ?*

R. Des vices de la chose vendue qui entraînent la résolution de la vente, la restitution du prix à l'acheteur avec ou sans dommages-intérêts, selon les circonstances.

Ces vices sont énumérés par la loi. On ne peut les faire valoir que dans un bref délai, qui est déterminé soit par la loi, soit par l'usage des lieux, soit par le juge.

D. Cette garantie existe-t-elle dans tous les cas ?

R. Non : elle n'est pas due dans les ventes qui se font en justice.

D. Peut-on impunément provoquer par des moyens

frauduleux une hausse ou une baisse dans le prix des marchandises ?

R. Non : la loi prononce des peines sévères contre ceux qui font usage de ces moyens, ainsi que contre ceux qui trompent sur la nature, le poids, etc., de l'objet d'un marché.

CHAPITRE V.

Du Billet à ordre.

D. Qu'est-ce qu'un *billet à ordre ?*

R. Un acte par lequel un débiteur s'engage à payer ou à faire payer, à une époque déterminée, une certaine somme à son créancier ou à toute autre personne mise par lui en possession de ses droits.

D. Que doit indiquer en général un billet ?

R. Le nom de celui à l'ordre de qui il est souscrit, la somme à payer, la valeur fournie, l'époque du paiement, l'adresse de celui qui paiera, et il doit être daté.

Formule.

Paris, le   Bon pour fr. 1000.

Au quinze novembre prochain, je paierai à **M.** Dumas ou à son ordre, la somme de *mille francs,* valeur reçue en marchandises.

Quesnard,
rue   n°

D. Qu'est-ce que le porteur d'un billet ?

R. Celui à qui il appartient.

D. Qu'est-ce que l'endosseur d'un billet?

R. Celui qui le cède en indiquant cette cession par une formule appelée *endossement,* qu'il écrit au dos.

D. Faites connaître cette formule.

R. Passé à l'ordre de M.   valeur reçue en   le   18
B   négt. à   rue
n°

D. Quelle obligation contracte l'endosseur d'un billet?

R. Celle d'en payer le montant, si celui qui doit le payer ne le fait pas.

D. Qu'appelle-t-on *protêt ?*

R. Un acte fait par huissier ou notaire, pour constater que le porteur d'un billet, s'étant présenté au domicile indiqué dessus, afin d'en toucher le montant, n'a pu l'obtenir.

D. Quels sont les effets du protêt?

R. Quand le protêt a été fait en temps convenable, il donne au porteur le droit d'exiger d'un endosseur à son choix la somme portée sur son billet.

D. Qu'entendez-vous par *temps convenable?*

R. Le protêt doit avoir été fait, si le porteur habite la France, le jour même de l'échéance, ou le lendemain au plus tard, quand ce jour est un jour de fête reconnu par la loi; et, s'il reste à l'étranger, dans un délai proportionné à l'éloignement du pays qu'il habite et fixé par la loi.

D. Que devient le billet dont le montant a été touché?

R. Il est remis par le porteur à la personne qui l'a soldé, revêtu d'une formule d'acquittement, laquelle formule se place au-dessous des endossements.

D. Faites connaître la formule la plus usitée.

R. Pour acquit, le   18   G

D. Pendant combien de temps, à dater du jour de l'échéance, celui qui doit solder un billet doit-il en tenir le montant à la disposition du porteur ?

R. Pendant cinq ans : après ce temps, il peut invoquer la prescription qui le libère de sa dette.

D. Sur quel papier doit être écrit le billet ?

R. Sur du papier marqué d'un timbre, dont le prix est proportionnel à la valeur du billet.

D. Combien y a-t-il de sortes de billets à ordre ?

R. Deux sortes : les billets pour lesquels un débiteur s'engage à payer lui-même, et ceux pour lesquels il s'engage à faire payer.

ARTICLE 1er.

Billets par lesquels le Débiteur s'engage à payer lui-même.

D. Quels sont les principaux billets de la première sorte, ou ceux par lesquels un débiteur s'engage à payer lui-même ?

R. Ce sont : le *billet à ordre simple*, dont la formule a a été indiquée ci-dessus, le *billet à ordre solidaire*, le *billet au porteur* et le *billet de banque*.

§ Ier.

Du Billet à ordre solidaire.

D. Qu'est-ce que le *billet à ordre solidaire ?*

R. Un billet à ordre que plusieurs personnes s'obligent

à payer solidairement, c'est-à-dire l'une à défaut de l'autre.

D. Faites un billet à ordre solidaire.

R. Rouen, 27 mai 1832. Bon pour 2000 fr.

Au quatre juin mil huit cent trente-deux, nous paierons solidairement, l'un pour l'autre, un seul pour tous, à monsieur *Garnerin,* ou à son ordre, la somme de *deux mille francs,* valeur reçue en marchandises.

HUET, ROBERT, BOURDEAUX,
négts associés, rue Neuve n. 33, à Rouen.

§ II.

Du Billet au Porteur.

D. Qu'est-ce que le *billet au porteur?*

R. Un billet sur lequel le nom du créancier est remplacé par le mot *porteur.* Il est payable à celui qui l'aura en sa possession.

D. Faites un billet au porteur.

R. Paris, 9 juillet 1831. Bon pour 7000 fr.

Au *vingt-sept août mil huit cent trente et un,* je paierai au *porteur* la somme de *sept mille francs,* valeur reçue en espèces.

BORDIER,
Négt, rue des Deux-Ecus n. 9, à Paris.

D. Le billet au porteur peut-il être endossé?

R. Non.

§ III.

Du Billet de Banque.

D. Qu'est-ce que le *billet de banque ?*

R. Une espèce de billet au porteur, souscrit par une société de banquiers.

D. Que ferez-vous remarquer relativement à ce billet ?

R. Qu'il offre plus de garantie qu'aucun autre, parce que le fonds ou capital que possède la société est ordinairement très-considérable : aussi sa valeur est-elle à peu près la même que celle de l'or et de l'argent.

ARTICLE II.

Des Billets pour lesquels le Débiteur s'engage à faire payer par un tiers.

D. Quels sont les principaux billets de la seconde sorte, ou ceux par lesquels le débiteur s'engage à faire payer par un tiers ?

R. Ce sont : la *lettre de change*, le *mandat*, la *lettre de crédit* et le *billet à domicile*.

§ Ier.

De la Lettre de change.

D. Qu'est-ce que la *lettre de change ?*

R. Un acte solennel en forme de lettre, souscrit dans un lieu et payable dans un autre, par lequel le souscripteur mande à une tierce personne de payer une certaine somme à celui au profit duquel la lettre est faite, ou au cessionnaire de ce dernier.

D. Qu'est-ce que l'*acceptation ?*

D. L'engagement personnel du tiré de payer la lettre

à l'échéance au preneur lui-même ou au porteur. L'acceptation doit être écrite sur la lettre même.

Le tireur est celui qui souscrit la lettre de change, et le tiré celui qui doit la solder.

D. Comment l'acceptation doit-elle être conçue ?

R. Ainsi : Accepté pour la somme de
le   18   M

D. Que devient une lettre de change non acceptée ?

R. Si la lettre a été présentée à l'acceptation par le tireur, elle lui est renvoyée dans les vingt-quatre heures, et il la garde ; si au contraire elle a été présentée par un porteur, ce dernier, à qui elle a dû être remise de même dans les vingt-quatre heures, en fait faire un protêt appelé protêt faute d'acceptation, lequel protêt lui donne le droit d'exercer son recours contre le tireur et contre les endosseurs, s'il y en a.

D. Qu'entend-on par *première, deuxième,* etc., *de change ?*

R. Souvent un tireur qui a envoyé une lettre à l'acceptation, craignant que cette lettre n'arrive pas, en envoie une, deux et même quelquefois jusqu'à trois copies par des voies différentes ; mais il est bon d'indiquer sur chacun des exemplaires si c'est le premier, le deuxième, le troisième.

D. De quelle copie doit-on exiger la présentation pour solder le montant d'une lettre de change ?

R. De celle qui a été revêtue de l'acceptation.

D. Qu'est-ce que la *provision ?*

R. La valeur destinée à payer le montant d'une lettre de change.

D. Qu'arrive-t-il quand le tiré ne fait pas honneur à la lettre qu'il a acceptée ?

R. La lettre est protestée puis soldée par le tireur ou les endosseurs, si le protêt a été fait en temps convenable ; dans le cas contraire, elle est soldée par le tireur seul, mais seulement quand il ne peut prouver qu'il avait établi provision entre les mains du tiré.

D. Qu'appelle-t-on *aval* ?

R. L'engagement pris par une personne et écrit au bas d'une lettre de change, de payer le montant de cette lettre, si l'un de ceux ou tous ceux qui doivent le faire, ne le faisaient pas.

D. L'aval ne peut-il être apposé que sur la lettre de change ?

R. Pendant longtemps il n'a pu être inscrit sur la lettre même. La loi permet maintenant de le donner par acte séparé.

D. Qu'est-ce que la *retraite* ?

R. Une lettre de change que le porteur tire sur le tireur ou sur l'un des endosseurs, pour se rembourser du montant du billet protesté et non acquitté, des frais de protêt et autres qu'il a été obligé de payer.

D. Suffit-il au porteur de présenter ou de faire présenter une retraite pour obtenir la somme qu'il réclame ?

R. Non : la retraite doit être accompagnée de la lettre protestée, du protêt ou d'une expédition de cet acte, et d'un bordereau appelé *compte de retour*, contenant le détail et la justification du montant de la retraite. Ce compte doit être certifié par un agent de change ou deux notables commerçants.

D. Faites une lettre de change.

R. Paris, 12 août 1830.   Bon pour 4000 fr.

Au premier septembre mil huit cent trente, il vous plaira de payer par cette seule de change, à Monsieur *Hugo*, ou à son ordre, la somme de *quatre mille francs*, valeur reçue en marchandises.

A Monsieur COURIER,   Votre serviteur,
négt., rue du Marché-Neuf,   HAUTEFEUILLE,
    n. 33, à Bordeaux.   négt., rue aux Ours n. 64, à
                                                    Paris.

D. Acceptez cette lettre.

R. Accepté pour la somme de *quatre mille francs*.
    Le 20 août 1830.

COURIER.

§ II.

Du Mandat.

D. Qu'est-ce que le *mandat* ?

R. Un billet qui, semblable d'ailleurs à la lettre de change, indique de la part du souscripteur la volonté de ne donner qu'un mandat.

D. En quoi diffère-t-il de la lettre de change ?

R. En ce qu'il n'est autre chose qu'une espèce de procuration donnée au porteur pour exiger le paiement d'une somme due au tireur.

D. Que ferez-vous remarquer relativement à la négociation de ce billet ?

R. Qu'elle est entièrement la même que celle de la lettre de change.

D. Ce billet n'est-il pas quelquefois désigné sous d'autres noms ?

R. On l'appelle encore *traite* et *rescription*.

D. Le paiement du mandat est-il toujours exigé rigoureusement ?

R. Non : certains commerçants, voulant se faire payer de leurs débiteurs sans leur causer d'embarras, écrivent sur leurs mandats ces mots, *sans frais.* Dans ce cas le porteur, qui n'a pu toucher le montant de son billet, va le présenter au tireur qui le solde et agit ensuite comme bon lui semble à l'égard de son débiteur.

D. Ce billet est-il répandu ?

R. Oui, très-répandu, surtout dans le petit commerce.

D. Faites un mandat.

R. Paris, 19 Janvier 1830.   Bon pour 300 fr.

Au *vingt février mil huit cent trente,* je prie Monsieur *Lefebvre* de payer contre le présent mandat à Monsieur *Penot* ou à son ordre, la somme de *trois cents francs,* valeur reçue en marchandises.

A Monsieur LEFEBVRE,   Votre serviteur,
Md. librairie, Grand'rue   OLIVIER,
n. 34, à Mantes.   Md. librairie, rue Bleue n. 3,
                                        à Paris.

§ III.

De la Lettre de Crédit.

D. Qu'est-ce que la *lettre de crédit ?*

R. Une lettre ordinaire, participant un peu de la nature du billet, remise à un commis, pour lui faire compter par un correspondant la somme qui y est énoncée.

D. Que doit faire le tireur d'une lettre de crédit ?

R. Il doit écrire au tiré une autre lettre dans laquelle il lui fera connaître la somme inscrite en sa lettre de crédit, et le signalement du commis qui doit la réclamer.

D. Faites une lettre de crédit.

R. A Monsieur *Benoist*, négt. à Rouen, rue St.-Ouen n. 7.

Monsieur,

Conformément à ma lettre d'avis du 3 du courant, je vous prie de compter à Monsieur *Louis Bontems*, mon commis, la somme de *quatre mille francs*, au fur et à mesure qu'il aura besoin d'argent, et de vous rembourser sur moi de ladite somme, en la manière que vous jugerez convenable.

Votre dévoué serviteur,

GRENIER,

négt., rue St.-Martin n. 104, à Paris.

§ IV.

Du Billet à domicile.

D. Qu'est-ce que le *billet à domicile ?*

R. Un billet souscrit dans un lieu et payable dans un autre, par lequel un débiteur s'engage à payer à son créancier, ou à son ordre, par l'entremise d'un tiers et au domicile de ce tiers, une certaine somme.

D. Quel rapport y a-t-il entre ce billet, d'une part, et le billet à ordre et la lettre de change, de l'autre ?

R. Ce billet ressemble à la lettre de change, en ce qu'il est comme elle soldé par un tiers et dans un autre lieu ; et au billet à ordre, en ce que celui qui le solde n'est que le commissionnaire du souscripteur ou de la personne qui a fait le billet, et n'a contracté relativement à ce billet, par apposition de signature, aucun engagement.

D. Faites un billet à domicile.

R. Versailles, 18 avril 1832.   Bon pour 500 fr.

Au *quinze juillet mil huit cent trente-deux*, je paierai au domicile de Monsieur *Jourdain*, où j'établis le mien, à Monsieur *Dubois*, où à son ordre, la somme de *cinq cents francs*, valeur reçue en marchandises.

A Monsieur JOURDAIN,
négt, rue St.-Louis n. 9,
à Versailles.

MOINARD ,
M^d de vins, rue Blanche,
n. 3, à Nevers.

CHAPITRE VI.

Des Promesses.

D. Qu'est-ce qu'une *promesse* ?

R. Un acte par lequel une personne s'engage à l'égard d'une autre, soit à payer une certaine somme, soit à faire toute autre chose.

D. Quelle différence y a–t-il entre une promesse et un billet ?

R. Un billet s'endosse, s'il porte le nom de la personne en faveur de qui il a été fait ; il ne porte jamais qu'une obligation de paiement : la promesse ne s'endosse pas, bien qu'elle porte le nom de celui à qui elle est remise ; elle peut obliger à toute espèce de chose.

D. La promesse portant obligation de paiement ne s'en-dosse pas ; mais ne peut-elle pas se négocier d'une autre manière ?

R. Elle peut se négocier autrement : acte de cession est passé devant notaire ou sous seings-privés, et significa-tion de cet acte est faite au débiteur par huissier.

D. Se conforme–t-on toujours à ces règles dans la pra-tique ?

R. Non : le plus ordinairement une promesse passe de mains en mains, et le montant en est payé à celui qui le réclame.

D. Une promesse peut-elle être l'objet d'un protêt ?

R. Oui, quand on veut en obtenir promptement le paiement.

D. Une promesse peut-elle être écrite par une autre personne que celle qui la signe ?

R. Oui ; mais dans ce cas le signataire doit faire précéder son nom de ces mots, *approuvé l'écriture ci-dessus.*

D. Cette remarque ne s'applique-t-elle qu'à la promesse ?

R. Non : elle s'applique encore au billet et à toute espèce d'écritures.

D. Quelles sont les promesses les plus usitées ?

R. Ce sont la *promesse simple*, la *promesse solidaire*, la promesse portant engagement d'une femme mariée, la promesse par laquelle le mari et la femme s'engagent, l'acte dit vulgairement *sous seing-privé*, ou, plus simplement, *sous seing.*

ARTICLE Ier.

De la Promesse simple.

D. Faites une promesse simple.

R. Paris, 2 janvier 1831.   Bon pour 400 fr.

Je soussigné reconnais devoir et promets de payer le *quatre juillet mil huit cent trente et un*, à Monsieur *Sorel*, la somme de *quatre cents francs* qu'il m'a prêtée.

HARLET,
Md bonnetier, rue de La Harpe n. 3, à Paris.

ARTICLE II.

De la Promesse solidaire.

D. Faites une promesse solidaire.

R. Orléans, 27 janvier 1832. Bon pour 3000 fr.

Nous soussignés promettons de payer solidairement, l'un pour l'autre, un seul pour tous, le *neuf juin mil huit cent trente-deux*, à Monsieur *Bondet*, la somme de *trois mille francs*, que nous lui devons, pour solde de tout compte entre lui et nous.

CORSIN, LANDRY, TARIN,
négts associés, rue Royale n. 4, à Orléans.

ARTICLE III.

De la Promesse portant engagement de la femme mariée.

D. Faites une promesse portant engagement de la femme mariée.

R. Rambouillet, 3 mai 1834. Bon pour 200 fr.

Je soussigné, autorisée pour le présent acte par mon mari, reconnais devoir et promets de payer le *premier décembre mil huit cent trente-quatre*, à Monsieur *Rousseau*, la somme de *deux cents francs*, valeur reçue en marchandises.

Louise SIMONNEAU f. HARDY.

ARTICLE IV.

De la Promesse par laquelle le mari et la femme s'engagent.

D. Faites une promesse portant engagement du mari et de la femme.

R. Lyon, 1er décembre 1831. Bon pour 6000 fr.

Nous soussignés *Joseph Hutteau* et *Marie Lascours*, son épouse de lui autorisée, reconnaissons devoir et promettons de payer solidairement, l'un pour l'autre, un seul pour deux, à Monsieur *Dalousy*, le *premier janvier mil huit cent trente-deux*, la somme de *six mille francs*, qu'il nous a prêtée.

J. HUTTEAU, M. LASCOURT.
domiciliés rue Basse n. 58, à Lyon.

ARTICLE V.

Du sous seing-privé.

D. Quelle espèce d'actes comprend-on sous le nom d'actes sous seing-privé ?

R. Des actes portant engagement réciproque pour toute sorte de causes, cautions, séquestres, ventes, achats, échanges, baux, transports de baux, locations simples, désistements, décharges, etc.

D. Faites un sous seing-privé.

R. Entre nous soussignés, *Thevenot, Louis*, propriétaire d'un moulin à eau, sis rue de Chaufour, n. 33, à *Etampes*, sur la rivière de Juine, d'une part; et *Arnould, Jean-François*, négociant en farine, a été convenu ce qui suit :

Moi *Thevenot, Louis*, reconnais par le présent acte avoir donné par bail à loyer, au sieur *Arnould, Jean-François*, ce prenant et acceptant, ledit moulin, pour le temps et espace de *neuf ans accomplis*, à compter du *premier janvier mil huit cent trente-deux*, avec promesse de garantir ledit preneur, de tout trouble et empêchement; ledit moulin garni de ses meules et ustensiles nécessaires, dont sera, avant l'entrée en jouissance du preneur, fait prisée, par gens experts, choisis par nous, pour être rendus par le preneur en l'état où il les aura trouvés.

Le présent bail a été fait moyennant la somme de *neuf mille francs*, payable par le preneur, en trois paiements, chacun de *trois mille francs*, le premier, au *premier mai*, le second, au *premier septembre*, le troisième, *au premier janvier* : et ainsi à continuer d'année en année, jusqu'à la fin dudit bail.

Fait et signé double, à Etampes, le 4 décembre 1831.

Approuvé l'écriture ci-dessus.

THEVENOT.

Approuvé l'écriture ci-dessus.

ARNOULD.

CHAPITRE VII.

De quelques écritures en usage dans le Commerce.

D. Outre les billets et les promesses, quelles sont encore les écritures en usage dans le commerce ?

R. Les principales sont la *quittance*, la *lettre de voiture*, la *facture* et le *mémoire*.

ARTICLE Ier

De la Quittance.

D. Qu'est-ce que la *quittance ?*

R. Un acte remis par un créancier à son débiteur qui le paie, afin de constater ce paiement.

D. Faites une quittance.

R. Reçu de Monsieur *Baiblard* la somme de *six cents francs*, pour loyer pendant l'année *mil huit cent trente et un*, d'une maison sise à Pontoise, rue Notre-Dame n. 22, à moi appartenant.

Paris, 25 janvier 1832.

GISEURS.

ARTICLE II.

De la Lettre de voiture.

D. Qu'est-ce que la *lettre de voiture ?*

R. Une lettre à l'adresse d'une personne à qui on expédie des marchandises, remise par le négociant qui expédie à celui qui se charge du transport, et contenant un état détaillé des objets expédiés et des conditions auxquelles ils le sont.

D. Faites une lettre de voiture.

R. Chartres, 2 janvier 1831,

    Monsieur,

A la garde de Dieu et sous la conduite d'*Augustin Lenormand*, voiturier à Chartres, je vous expédie en ce jour *trente sacs farine fleur*, marqués *Rousseau*, pesant chacun *cent soixante-deux kilogrammes*, lesquels étant arrivés à la porte de votre magasin, et à *deux jours* de la date de la présente, sous peine pour ledit voiturier de perdre un tiers du prix du transport, lui seront payés à raison de *trois francs* le sac.

A Monsieur GALLY, boulanger,   Votre dévoué serviteur,
    rue de Tracy n. 3, à Paris.   ROUSSEAU.

ARTICLE III.

De la Facture.

D. Qu'est-ce que la *facture* ?

R. Un état détaillé de marchandises vendues, avec indication de date, quantité et prix.

D. Faites une facture.

R.   *A la Belle Etoile.*

Magasin de Rouenneries de PELLETIER,

    rue Mandar n. 34, à Paris.

Vendu à Monsieur *Hugo*, le 15 janvier 1831.

	à fr.	ci.
Six mètres drap noir Louviers . . .	20	120
Quatre douzaines mouchoirs poche.	12	48
Quinze mètres toile cretonne.	6	90
Deux douzaines cravates.	24	48
Neuf paires bas coton blanc.	2	18
Deux mètres étoffe pour gilets.	9	18
Huit mètres étoffe pour pantalons d'été. .	4	32
Trente mètres calicot.	2	60
Total.		434

    Pour acquit.

        PELLETIER.

ARTICLE IV.

Du Mémoire.

D. Qu'est-ce que le *mémoire?*

R. Un état détaillé de marchandises vendues ou d'ouvrages faits à des époques différentes.

D. Quelle différence y a-t-il entre un mémoire et une facture?

R. On inscrit sur un mémoire des marchandises vendues ou des ouvrages faits à des époques différentes; la facture, au contraire, comprend seulement des marchanvises vendues et livrées en une seule fois.

D. Faites un mémoire.

R. Mémoire des marchandises vendues à Monsieur *Belot* par *Buret,* marchand épicier, rue Ste.-Croix n. 18, à Orléans.

1831, janvier	2.	Vingt-cinq kilog. sucre à fr. 1,80 ci.	45,00
»	»	6. Trois kilog. chandelles. . . 1,50	4,50
»	»	10. 1 ½ kilog. sel cuisine. . . . 20	» 30
»	février	20. 9 ½ kilog. pruneaux. . . . 1,50	14,25
»	»	28. 5 kilog. huile à brûler. . 1,40	7,00
»	mars	4. 3 kilog. savon. 1,10	3,30
»	»	11. 1 kilog. chocolat. 6,00	6,00
»	»	20. 2 kilog. huile fine. . . . 3,20	6,40
»	»	27. 1 ½ kilog. riz. 1,00	1,50
		Total.	88,25

Reçu sur le présent mémoire la somme de *trente-cinq francs,* 5 avril 1831.

BURET.

CHAPITRE VIII.

De l'Intérêt, de l'Escompte et du Change.

D. Qu'entend-on par l'intérêt d'une somme?

R. Ce que doit un débiteur à son créancier pour la jouissance, pendant un certain temps, d'une somme quelconque.

D. Qu'est-ce que l'*escompte?*

R. La retenue que l'on fait sur un billet payé avant l'échéance.

D. Qu'appelle-t-on *change?*

R. C'est l'échange du numéraire contre des effets payables dans une autre ville.

D. Qu'appelle-t-on *prix du change?*

R. *La somme* qu'exige un banquier ou toute autre personne, pour faire toucher en une ville désignée, chez son correspondant, une autre somme.

D. Qu'est-ce que le *taux?*

R. Le montant de l'intérêt, de l'escompte et du change, pour une somme déterminée.

D. Le taux varie-t-il?

R. Oui : son élévation dépend de diverses circonstances, telles que la volonté de celui qui prête et le peu de garantie qu'offre celui qui emprunte, pour l'intérêt; l'époque plus ou moins éloignée du paiement et le besoin plus ou moins grand de vendre, pour l'escompte; la rareté ou l'abondance du papier, pour le change.

D. Comment établit-on le taux?

R. A raison de 1, 2, 3, 4, etc., francs, par chaque

centaine de francs qui entre dans la composition de la somme dont on veut avoir l'intérêt, l'escompte ou le change.

D. La loi laisse-t-elle la liberté de fixer le taux?

R. Elle laisse la liberté de fixer le taux de l'escompte et du change; elle n'intervient que dans la fixation du taux de l'intérêt, qu'elle défend sous des peines sévères d'élever au-dessus de 6 francs par an, pour chaque centaine de francs qui figure dans une somme, à moins qu'il ne s'agisse d'argent prêté à fonds-perdu.

D. Comment calcule-t-on l'intérêt, l'escompte et le change?

R. On trouve l'intérêt d'une somme, pour un an, en multipliant le capital par le taux et en divisant le produit par 100; pour plusieurs années, en multipliant l'intérêt d'un an par le nombre d'années; pour un certain nombre de mois, en divisant l'intérêt d'un an par 12 et en multipliant le quotient par le nombre de mois donné; pour un certain nombre de jours, en divisant l'intérêt d'un an par 360, nombre de jours qui compose l'année commerciale, et en multipliant le quotient trouvé, qui représente l'intérêt d'un jour, par le nombre de jours dont on veut avoir l'intérêt. On trouve l'escompte et le change par les procédés employés pour trouver l'intérêt, et, s'il y a une déduction à faire, elle se fait à l'aide de l'opération ordinaire, la soustraction.

D. Faites l'application des préceptes que vous venez de donner.

R. Soit à trouver pour deux ans, deux mois, cinq jours, l'intérêt de 4,523 francs placés au taux de quatre pour cent: je multiplie 4,523 par le taux 4; j'ai pour produit 18,092, nombre qui, divisé par 100, donne 180,92, intérêt d'un an ; je double cette somme, pour avoir l'intérêt de deux, et j'ai 361,84. Il ne s'agit plus que de trouver l'intérêt de deux mois, cinq jours : je l'obtiens en divisant 180,92, intérêt d'un an, par 360 et en multipliant le quotient 0.50 $= \frac{92}{500}$, intérêt d'un jour, par 65, nombre de jours pour lequel il faut encore le chercher : cette opération donne pour produit 32,66 et un reste que je néglige : j'ajoute cette somme à celle déjà trouvée pour intérêts de deux ans, 361,84, et l'addition faite, j'ai 394 francs 50 centimes, intérêts de 4,529 francs placés pendant deux ans, deux mois, cinq jours, au taux de quatre francs pour cent francs.

Soit à trouver l'escompte de 5,634 francs, au taux de 2 francs 50 centimes pour cent : je multiplie 5,634 par 2,50 ; j'ai pour produit 14085, nombre qui, divisé par 100, donne 140 francs 85 centimes, escompte cherché.

Soit à trouver le change de 8,729 francs, au taux de 2 3/4 ou 2 francs 75 centimes pour cent : je multiplie 8,729 par 2,75 ; j'ai pour produit 24004,75, nombre qui, *divisé par 100*, donne 240 francs 5 centimes environ, change cherché.

Une soustraction, pour l'escompte ; une addition, pour le change, donnerait la somme à compter.

CHAPITRE IX.

Des Bourses de Commerce.

D. Qu'entend-on par *bourses de commerce ?*

R. Des réunions de commerçants et d'agents de commerçants, qui ont lieu sous l'autorité de l'Empereur, pour s'occuper de négociations et de transactions.

D. Quel est le résultat des négociations et des transactions qui s'opèrent dans ces réunions?

R. La détermination du cours du change, des marchandises, des assurances, du prix du transport des marchandises, des effets publics, etc.

D. Par qui ces divers cours sont-ils constatés?

R. Par les agents de change et les courtiers.

CHAPITRE X.

Des Agents de Change et des Courtiers.

D. Qu'est-ce qu'un *agent de change* et un *courtier?*

R. Ce sont des agents intermédiaires nommés par l'empereur, qui s'interposent entre les acheteurs et les vendeurs pour faciliter les transactions et les marchés.

D. Quelles sont les fonctions des agents de change?

R. Ils peuvent seuls négocier les effets publics, comme les rentes sur l'Etat et les autres effets susceptibles d'être cotés à la Bourse. Ils font pour le compte d'autrui le courtage, la vente et l'achat des matières métalliques, des lettres de change, billets et autres papiers commerçables. Ils ont seuls le droit de constater le cours des matières et effets qu'ils négocient.

D. Combien y a-t-il d'espèces de courtiers?

R. Quatre espèces : les courtiers de marchandises, les courtiers d'assurances, les courtiers interprètes et conducteurs de navires, les courtiers de transport par terre et par eau.

Les courtiers de marchandises ont seuls le droit de faire le courtage des marchandises, d'en constater le cours; ils exercent concurremment avec les agents de change le courtage des matières métalliques.

Les courtiers d'assurances négocient les contrats d'assurance entre toutes les personnes qui ne traitent pas directement, ils attestent la vérité de ces contrats ou polices par leur signature.

D. Trouve-t-on partout des agents de change et des courtiers?

R. Non : on n'en trouve que dans les villes qui ont une bourse de commerce, et le nombre en est limité.

D. Le même individu peut-il être en même temps agent de change et courtier?

R. Oui, si l'acte du gouvernement qui l'institue l'y autorise.

D. Les agents de change et les courtiers peuvent-ils faire des opérations en leur nom?

R. Non : ni directement ni indirectement.

D. Peuvent-ils toucher ou payer pour leurs commettants?

R. Non.

D. Peuvent-ils se rendre garants de l'exécution des marchés dans lesquels ils s'entremettent?

R. Non.

CHAPITRE XI.

Des Commissionnaires.

D. Qu'est-ce qu'un *commissionnaire?*

R. Un commerçant qui agit pour le compte d'un autre.

D. Le commissionnaire répond-il des marchandises qui lui ont été confiées?

R. Oui, sauf le cas de force majeure.

D. Que ferez-vous remarquer relativement aux commissionnaires qui se chargent du transport?

R. Ils sont garants de l'arrivée des marchandises dans le délai fixé par la lettre de voiture, sauf le cas de force majeure légalement constaté; ils sont garants des faits du commissionnaire intermédiaire et du voiturier, s'il y en a.

D. Est-il encore temps, après la réception des objets transportés et le paiement du prix du transport, d'intenter une action contre un commissionnaire?

R. Non : il faut l'intenter auparavant, s'il y a lieu.

D. Est-il toujours temps d'intenter une action contre un commissionnaire, à raison de la perte ou de l'avarie des marchandises à lui confiées?

R. Non : on ne peut plus le faire, six mois après, si l'expédition a lieu pour l'intérieur de la France, et au delà d'un an, si elle doit passer la frontière, en comptant le temps, pour les cas de perte, du jour où le transport aurait dû être fait; et, pour les cas d'avarie, du jour où la remise des marchandises aura été effectuée.

D. En cas de contestations, que deviennent les marchandises?

R. Des experts, nommés par le président du tribunal de commerce ou par le juge de paix, en vérifient l'état. Le séquestre, la vente même peut en être ordonnée, si le commissionnaire, à qui on a reconnu le droit d'être payé, ne peut l'être autrement.

CHAPITRE XII.

Des Maîtres et des Ouvriers.

D. Quelles sont les obligations imposées par la loi aux ouvriers à l'égard des maîtres qui les occupent?

R. L'ouvrier doit exécuter les engagements contractés par lui ou pour lui à raison de son apprentissage; se munir, sous peine d'être traité comme vagabond, auprès du maire ou de l'un des adjoints de l'endroit où il aura terminé son apprentissage, d'un livret contenant ses nom, prénoms, âge, le lieu de sa naissance, et la désignation de sa profession; faire inscrire sur ce livret par le maître qui l'occupe, ou, à son défaut, par l'une des personnes qui ont droit de le délivrer, le jour de son entrée, celui de sa sortie, ainsi qu'un congé d'acquit on certificat, portant qu'il a rempli ses engagements à l'égard du dernier maître chez qui il a travaillé. Ces engagements ne pourront le lier pour plus d'un an, à moins qu'il ne soit conducteur ou contre-maître. Enfin, il doit prendre un nouveau livret, en cas de perte du premier, livret qu'on lui délivrera sur la présentation de son passeport, et après preuve acquise qu'il est libre de tout engagement.

D. A quelles obligations la loi soumet-elle les maîtres à l'égard de leurs ouvriers?

R. Les maîtres ne peuvent, sous peine de dommages et intérêts, retenir l'apprenti au delà du temps convenu, ni lui refuser un congé d'acquit quand il a rempli tous ses engagements envers eux; ils ne peuvent employer des ouvriers non porteurs de livret renfermant un certificat d'acquit obtenu du maître précédent; ils doivent faire, au profit de ceux envers qui leurs ouvriers ont contracté des dettes, une retenue sur le salaire qu'ils leur accordent, retenue qui ne pourra, en aucun cas, s'élever au-dessus des deux dixièmes du prix de leurs journées : cette retenue sera continuée jusqu'à extinction des dettes, et mention de ce remboursement complet devra être faite sur le livret.

D. Les maîtres d'une part, les ouvriers de l'autre, peuvent-ils former impunément des coalitions tendant, de la part des maîtres, à l'abaissement des salaires ; de la part des ouvriers, à empêcher le travail et à obtenir des prix plus élevés ?

R. Non : ces sortes de coalitions sont défendues, et les tentatives faites pour exécuter les résolutions prises par elles, donnent lieu à l'application de peines graves.

CHAPITRE XIII.

Des Faillites.

D. Qu'entend-on par *faillite ?*

R. L'état d'un commerçant qui cesse ses paiements.

D. Qu'est-ce que la *banqueroute ?*

R. Une faillite arrivée par la faute du commerçant.

D. Combien y a-t-il de sortes de banqueroutes ?

R. Deux sortes : la banqueroute simple et la banqueroute frauduleuse.

R. En quoi la banqueroute simple diffère-t-elle de la banqueroute frauduleuse ?

R. Il y a banqueroute simple quand les dépenses du failli paraissent excessives ; quand de fortes sommes ont été perdues au jeu; quand l'actif du dernier inventaire étant de moitié plus faible que le passif, des emprunts considérables ont été faits et des marchandises vendues à perte, ou au-dessous du cours; quand il a été signé des billets pour une somme triple de l'actif.

Il y a banqueroute frauduleuse, quand le failli a supposé des dépenses ou des pertes, ou ne justifie pas de l'emploi de ses recettes; quand il a détourné de l'argent, des marchandises ou des effets mobiliers; quand il a fait des ventes, négociations ou donations fausses; quand il a supposé, de quelque manière que ce soit, des dettes passives; quand il a disposé de choses à lui confiées, acheté des immeubles ou effets mobiliers à l'aide d'un prête-nom, caché ses livres, ou quand ceux qu'il a tenus sont irréguliers.

D. La faillite n'a-t-elle pas un effet rétroactif?

R. La loi frappe de nullité certains actes faits dans les dix jours qui ont précédé la faillite. Ce sont les acquisitions de priviléges et hypothèques sur les biens du failli, les aliénations d'immeubles, le paiement de dettes commerciales non échues.

D. Comment se constate l'existence de la faillite?

R. Par la déclaration qu'en fait au greffe le failli ou un créancier, ou par la notoriété publique.

D. A qui appartient-il de fixer l'époque à laquelle la faillite a commencé?

R. Au tribunal, qui peut faire remonter l'ouverture de la faillite à une époque antérieure au jugement déclaratif de faillite.

D. Quels sont les effets immédiats de la faillite?

R. Le débiteur est dessaisi de l'administration de ses

biens; toutes ses dettes deviennent exigibles; les scellés sont apposés sur ses meubles et marchandises. Le tribunal nomme un juge-commissaire, chargé de surveiller et diriger les opérations qui vont suivre, et des agents pour la faillite, fait incarcérer, s'il le juge nécessaire, le failli, convoque les créanciers, et élit sur la liste qu'ils lui présentent des syndics provisoires.

D. Quelle est la mission des syndics provisoires?

R. Ils requièrent la levée des scellés, procèdent à l'inventaire; ils administrent les biens du failli, sans pouvoir s'occuper de la vente des immeubles; ils peuvent, sur l'autorisation du tribunal, continuer le commerce du failli. Ils poursuivent l'annulation ou la révocation des actes faits en fraude des créanciers. Mais la plus importante de leurs fonctions est la vérification des créances.

D. Que font les syndics après la vérification des créances?

R. Ils convoquent les créanciers à qui ils ont reconnu des titres, à l'exception des créanciers hypothécaires utilement inscrits, afin de les mettre en rapport avec le failli et d'amener un arrangement, de consentir un concordat, s'il y a lieu.

D. Qu'arrive-t-il si l'affaire ne peut se terminer à l'amiable?

R. Les créanciers nomment des syndics définitifs, à qui les premiers doivent rendre compte de ce qu'ils ont fait, et qui poursuivent la vente des marchandises, meubles et immeubles du failli, ainsi que la liquidation des dettes actives et passives.

D. Le failli ne peut-il rien réclamer de ce qui lui a appartenu ?

R. Il peut réclamer, et les syndics doivent lui accorder les vêtements et meubles nécessaires à son usage et à celui de sa famille. Quand il n'y a pas présomption de banqueroute, le tribunal lui accorde même une somme sur son avoir, pour ses besoins : cette somme est réglée par les syndics.

D. Comment s'opère la répartition de l'avoir du failli entre les créanciers ?

R. La femme ayant repris tout ce qu'elle n'a pas mis en communauté, les frais de justice et d'administration de la faillite ayant été prélevés, les secours accordés au failli déduits, les créanciers privilégiés sur les meubles et immeubles propres du failli, les personnes nanties de gages, les créanciers hypothécaires ayant été payés intégralement, le commissaire de la faillite ordonne, sur la proposition des syndics, des distributions successives de fonds aux créanciers ordinaires, proportionnellement à la valeur de leurs créances.

D. La loi n'autorise-t-elle pas, au moment d'une faillite, la revendication de certaines marchandises ?

R. Elle permet de revendiquer celles qui ne sont pas encore dans les magasins du failli, ou qui, y étant, sont encore sous leur enveloppe de voyage.

D. Comment s'opère la réhabilitation d'un failli ?

R. Par le remboursement qu'il fait à tous ses créanciers des sommes qu'il leur devait, par l'arrêt d'une cour impériale, qui, sur la preuve acquise qu'il ne reste plus personne à payer, prononce la réhabilitation, et par la publication faite de cet arrêt, par tous les moyens possibles.

D. Tous les faillis peuvent-ils être réhabilités?

R. Non : la loi refuse cette faveur aux stellionataires, aux banqueroutiers frauduleux, aux personnes condamnées pour dol ou escroqueries; aux tuteurs, administrateurs, dépositaires, qui n'auraient pas rendu leurs comptes.

D. Quelle est la peine infligée par les lois à ceux qui ont aidé un failli à faire tort à ses créanciers?

R. La même que celle infligée au failli coupable de dol.

CHAPITRE XIV.

Des Livres de Commerce.

D. Quels livres doivent tenir les commerçants?

R. La loi les oblige à tenir trois livres : 1° un *livre-journal*, 2° un *livre de copie de lettres*, 3° un *livre des inventaires*.

D. Quelles conditions doivent-ils réunir?

R. Ils doivent tous être tenus par ordre de dates, sans blancs, lacunes, ni transports en marge; le livre-journal et le livre de copie de lettres doivent être cotés, visés, paraphés chaque année, soit par un juge du tribunal de commerce, soit par le maire ou l'un de ses adjoints.

D. A quoi servent les livres?

R. Ils peuvent servir à la preuve des conventions entre commerçants; ils mettent chaque jour sous les yeux du commerçant l'état de ses affaires; s'il est en faillite, ils éclairent ses créanciers sur sa situation et sa loyauté.

Il doit les conserver pendant dix ans, à compter du jour de la dernière date qu'ils portent.

D. Les trois livres prescrits par la loi suffisent-ils aux besoins des commerçants ?

R. Non : d'autres livres leur sont encore nécessaires.

D. En combien de classes range-t-on les livres en usage dans le commerce ?

R. En deux classes, dont l'une comprend les livres auxiliaires et l'autre les livres principaux.

ARTICLE Ier.

Des Livres auxiliaires.

D. Quels livres désigne-t-on sous le nom de *livres auxiliaires?*

R. Des livres contenant la matière des livres principaux, en offrant, réunis et détaillés, des articles qu'on ne retrouverait ailleurs que épars et abrégés.

D. Le nombre des livres auxiliaires est-il déterminé ?

R. Oui, il est de trois, qui se subdivisent selon la volonté et les besoins du commerçant.

D. Quels sont les trois livres auxiliaires en usage dans le commerce ?

R. Ce sont le *livre de copies de lettres*, le *livre des inventaires* et *le mémorial.*

§ Ier

Du Livre de copies de Lettres.

D. Qu'est-ce que le *livre de copies de lettres?*

R. Un livre sur lequel le commerçant doit copier toutes les lettres qu'il envoie.

D. Donnez un modèle du livre de copies de lettres.

R.————————— 1er JANVIER 1831. —————————

Je vous prie, aussitôt la présente reçue, de m'expédier par telle voie que vous jugerez convenable, vingt tonneaux vin Orléans, qualité supérieure, lesquels vous seront payés au prix du cours de ce jour, à la manière que vous jugerez la plus avantageuse pour vous et que vous m'indiquerez. La présente n'étant à autre fin, j'ai l'honneur de vous saluer.

GRENIER.— Orléans.

————————— 28 d°. —————————

Je vous expédie conformément à votre demande du 3 du courant, 9 tonneaux vin Bourgogne, qualité et prix indiqués en votre lettre du même jour. J'ai tiré sur vous pour le 1er du mois prochain, une traite, à laquelle j'ai la certitude de vous voir faire honneur comme de coutume. Je suis en attendant de nouvelles demandes de votre part, votre dévoué serviteur.

JUSTIN.— Corbeil.

————————— 28 d° —————————

J'ai reçu, le 15 du courant, votre lettre contenant des billets pour une valeur de 3,500 fr. dont je vous ai crédité, et votre demande de 10 tonneaux vin Orléans, bonne qualité, que je vous expédie avec facture montant à 2,000 fr. dont je vous ai débité. Je vous salue.

BOURDET.— Versailles.

D. La loi, qui impose au commerçant l'obligation de copier les lettres qu'il envoie, n'exige-t-elle rien de lui relativement à celles qu'il reçoit?

R. Elle exige qu'il les mette en liasse et les conserve.

§ II.

Du Livre des inventaires.

D. Qu'est-ce que le *livre des inventaires ?*

R. Un livre sur lequel les commerçants doivent copier l'inventaire ou l'état que la loi les oblige à faire, chaque année, de ce qu'ils possèdent et de ce qu'ils doivent.

D. Donnez un modèle du livre des inventaires.

R.   *Inventaire*

Tant de l'argent en caisse que des immeubles, meubles, effets en portefeuille, etc., que des dettes actives et passives de Jacques Artaut, négociant à Bercy, du trente et un décembre mil huit cent trente-deux.

ACTIF.

1	*Argent en caisse.*	20000		20000	
1	*Immeubles,* ceux ci-dessous désignés :				
	Une maison sise à Sèvres, Grande-Rue, n° 45, estimée d'après son coût de fr. 15,000, les réparations et agrandissements qui y ont été faits pour une valeur de fr. 6,000, ci	21000			
	Dix hectares de terres labourables sises terroir de Boutigny, canton de la Ferté-Aleps, arrondissement d'Etampes, département de Seine-et-Oise, estimés fr. 1,500 l'hectare, ci	15000		36000	
1	*Marchandises en magasin,* celles ci-dessous détaillées :				
	Six mille soixante-sept bouteilles liqueurs, espèces et qualités différentes, estimées, l'une portant l'autre, fr. 3 50.	21234	50		
	Trente tonneaux vin Bourgogne, espèces et qualités différentes, estimés, l'un portant l'autre, fr. 89, ci	2670			
	Vingt-quatre tonneaux vin Bordeaux, qualité supérieure, à fr. 165, ci	3960		27864	50
2	*Meubles et effets mobiliers.*	10000		10000	
2	*Débiteurs en compte courant :*				
	Augier, de Sens.	5237	29		
	Mathieu, de Lyon.	4729			
	Boulard, de Mâcon.	3945	17		
	Lesage, de Besançon.	1558	30		
	Arnould, de Rambouillet.	475			
	Pillas, de Saint-Germain-en-Laye.	789			
	Bernier, d'Angerville.	1265			
	Rosier, de Paris.	747		18745	76
2	*Effets en portefeuille :*				
	Billets. Langlois, de Bordeaux. 4 mars.	5629			
	Laurencin, de Lyon. 25 mars.	900			
	Grandin de Tours. 2 avril.	2535			
	Beaulieu, de Pontoise. 5 juin.	4158			
	Prévost, de Chartres. 7 juin.	265			
	Remy, de Sèvres. 10 juin.	5259			
	Rousseau, de Bourdan. 20 juin.	300			
	Bonté, d'Amiens. 1 juillet.	927			
	Haury, de Rouen. 5 juillet.	365			
	T^{te} Dubois s/ Féret de Blois. 20 févr.	400			
	Ribet s/ Périn de Tours. 3 mars.	785			
	Moreau s/ Boutard de Paris. 5 mai.	200			
	Simon s/ Terrier de Reims. 7 mai.	300			
	Laurent s/ Vinet de Mantes. 8 juin.	200		22223	
1	*Mon actif s'élève à*	134833	26	134833	26

PASSIF.

3	*Effets à payer*, ceux ci-dessous :				
	Billets. s/ Robert de Lyon.	4 janvier.	249		
	Laurençon de Bordeaux.	7 janvier.	775		
	Lelièvre de Bourdan.	15 janvier.	1200		
	Philippeau d'Angers.	3 février.	1500		
	Simonneau de Nancy.	20 février.	3050		
	Brossard de Lisieux.	8 février.	550		
	Effets de Moreau de Corbeil.	7 janvier.	800		
	Biset de Linas.	20 janvier.	900		
	Bigot de Mantes.	1 février.	460		
	Vezard de Pithiviers.	5 mars.	700		
	Jousset d'Amiens.	8 juin.	500		
	Bernard de Meaux.	15 juillet.	4400	14684	
4	*Créanciers en compte courant :*				
	Baron de Pontoise.		589		
	Laurent de Paris.		664 25		
	Legris d'Orléans.		738		
	Arnaud de Saint-Quentin.		2975		
	Herpain de Saint-Germain-en-Laye.		7848		
	Picot de Laon.		200		
	Bondet de Nantes.		400		
	Garreau de Nevers.		6589 34		
	Bertin d'Auxerre.		700		
	Mallet de Bordeaux.		5000		
	Grenier de Châlons.		800	26503 59	
4	*Rentes constituées*, celles ci-dessous :				
	A Xavier de Paris une rente de fr. 500, à 5 % ci		10000		
	A Fournier de Bordeaux une rente via-gère de fr. 1,500 à 12 % ci		12500	22500	
	Mon passif s'élève à		63687 59	63687 59	

RÉSUMÉ.

ACTIF.			PASSIF.		
Argent en caisse.	20,000		Effets à payer.	14,684	
Immeubles.	36,000		Créanciers en compte courant	22,500	
Marchandises en magasin.	27,864 50		Rentes constituées.	26,503 59	
Meubles et effets mobiliers.	10,000		*Total.*	63,687 59	
Débiteurs en compte courant.	18,745 76		Avoir liquidé.		
Effets en pe-feuille.	22,223		En capital.	71,145 66	
Total.	134,833 26		*Total.*	134,833 26	

Certifié le présent inventaire conforme à mes livres.
Bercy, 31 décembre 1832.

ARTAUT.

§ III.

Du Mémorial.

D. Qu'est-ce que le *mémorial ?*

R. Le recueil des notes que prend un commerçant, après avoir fait une affaire, pour s'en rappeler plus facilement les détails, au moment qu'il pourra consacrer à en passer écriture au journal.

D. Ce livre n'a-t-il pas encore un autre nom ?

R. On l'appelle encore brouillard, parce qu'en effet il renferme un travail qui peut passer pour une préparation à la rédaction du journal.

D. Ne peut-on pas se dispenser de tenir un brouillard ?

R. On le peut ; mais la loi exigeant que le journal soit tenu sans ratures, il est impossible, à moins d'avoir longtemps exercé, de satisfaire à cette exigeance, sans avoir préalablement préparé sur papier la matière des articles : or cette préparation, comme il vient d'être dit, n'est pas autre chose que le mémorial.

D. Donnez quelques explications sur l'ordre à adopter pour la rédaction au mémorial, des notes qui servent à dresser le journal.

R. Chaque article est daté ; sur la première ligne sont écrits le titre de l'opération, le nom de la personne avec qui on la fait et celui de l'endroit qu'habite cette personne ; sur la seconde, les conditions auxquelles l'opération est faite ; sur la troisième, l'objet ou les objets de la vente ou de l'achat. En outre la designation de l'opération, celle de la personne avec qui se fait cette opération et celle de l'objet offrant plus d'importance que le reste de l'article, sont écrites la première et la dernière, en grosse écriture, la seconde, en ronde.

D. Donnez un modèle du mémorial.

Mémorial

commencé le 1ᵉʳ janvier 1833 et clos le 31 mars même année.

———————————————— 3 JANVIER. ————————————————

5 | Vendu à *Francisco* de Paris :

Payable moitié en s/ B/ au 5 mars, moitié comptant :

Six tonneaux Bourgogue vieux, 1ʳᵉ qualité, à fr. 145 le tonneau, ci. 870

———————————————— 6 *d°.* ————————————————

5 | Acheté à *Barry* d'Auxerre :

Payable en m/ B/ fin avril prochain, de fr. 1000 ; le reste en compte :

Vingt-sept tonneaux Bourgogne, qualités et prix ci-dessous désignés.

12 ton. 2ᵉ qual. à fr. 108, ci. 1,296

6 id. 3ᵉ qual. à fr. 69, ci. 414

9 id. 4ᵉ qual. à fr. 62, ci. 558

27   Total. 9268

———————————————— 10 *d°.* ————————————————

5 | Vendu à *Dussieu* de Versailles :

Payable comptant, sous Escompte 3 % . . . . . .

Quatre tonneaux Bordeaux, qual. commune, à f. 127, ci. . . . . brut. 508

Escompte 3 % à déduire. 15,24

Net. 492,76

15 Janvier.

6 | Reçu de *Thomassin* de Troyes :
P·/. Commission s/ ses vins, fr. 54

19 d°.

6 | Reçu de m/ *Père*, en présent :
Dix tonneaux Bordeaux, qual. commune, estimés p/
du cours, fr. 109, ci. 1,090

20 d°.

6 | Payé à *Renard*, m/ propriétaire :
P/ loyer, pendant un an, de la maison que je tiens
de lui, fr. ci. 3,000

22 d°.

6 | Vendu à *Carrier* de Paris :
P/ comptant s/ Escompte 2 $\frac{1}{2}$ pour °/₀ :
Vingt tonneaux Bordeaux, à fr. 180 le tonneau,
ci. . . . . brut. 3,600
      Escompte 2 $\frac{1}{2}$ pour °/₀ à demie. .   90
      Net. 3,510

23 d°.

7 | Escompté à *Picard* de Bourdan :
Escompte 5 °/₀ :
Les billets suivants :
B/ Duplessis, au 5 mai, de fr.   900
id. Robert, au 3 mars, de fr. 2,554
T^{te} Pillas s/ Granger, au 20 fév. de fr. 1,269
      Valeur brute. 4,723
      Escompte 5 °/₀ à déduire. . . .   236,15
      M/ rem. nette, au dit sieur. . 4,486,85

————— 24 JANVIER. —————

7 | Négocié à *Battard* m/ banquier :
Escompte 4 1/4 pour %, les billets suivants :
B/ Bonté, au 1er juillet de fr.   927
id. Rousseau, au 20 juin,   de fr. .   300
id. Rémy,   au 10 do,   de fr. . 5,259
T te Laurent s/ Simet, au 9 do, de fr. .   200
    Valeur brute. 6,686
    Escompte 4 1/4 p/ % à déduire.. 284,15
    Rem. nette dudit sieur.. . . . 6,401,85

————— 27 *do*. —————

8 | Acheté à *Bastard* d'Orléans :
Payable un quart comptant, le reste à 3 mois :
Une maison, sise rue neuve, no 3, en la dite ville,
prix de vente, 24,000 ; frais, 3000, ci 27,000.

————— 1er FÉVRIER. —————

8 | Hérité de *Marie Artaut*, m/ tante :
La somme de. . . . . 35,000.

————— 3 *do*. —————

8 | Vendu à *Pénot* de Linas :
P/ moitié comptant, un quart à 6 mois, l'autre
quart à 2 ans :
Ma maison de Sèvres p/ fr. 24,000

————— 5 *do*. —————

8 | Perdu par suite de la banqueroute *Rosier* de Paris :
La somme de fr. 747

——— 8 FÉVRIER. ———

8 | Remis à *Laurent* de Paris :
Mon billet, au 20 présent mois, pour solde de tout compte entre nous, ci 664,25

——— 10 *d°.* ———

9 | Payé à *Xavier* de Paris :
Un quartier de la rente de fr. 500, que je lui ai consentie, ci . . . . 125.

——— 11 *d°.* ———

9 | Reçu de *Rabourdin*, m/ fermier :
P/ loyer pendant un an, de m/ terres de Boutigny, fr. . . . . 1000.

——— 12 *d°.* ———

9 | Vendu à *Brice* de Paris :
P/ en s/ t^te d'égale somme, s/ Pigneux de Versailles, au 15 mai prochain :
Mille bouteilles anisette Bordeaux, à fr. 4 la bouteille, ci 4,000

——— 14 *d°.* ———

9 | Acheté à *Picard* d'Orléans :
P/ en deux billets à m/ o/ l'un de Prevost, de Chartres, au 7 juin prochain, de fr. 265, l'autre de Grandin de Tours, au 2 avril, de fr. 2535 ; le reste en compte :
Cinquante pièces vin Orléans, à fr. 59 la pièce, ci 2950

———————— 15 FÉVRIER. ————————

10| Reçu de *Boutard* de Mâcon :
   P/ autant qu'il me doit, fr. 3945,17

———————— 18 *d⁰*. ————————

10| Accepté le tᵗᵉ *Arnould* de St.-Quentin, au 3 avril,
   tirée par le dit sieur p/ solde de tout compte, ci
   fr. . . . . 2,975.

———————— 20 *d⁰*. ————————

10| Touché le montant de la tᵗᵉ *Dubois* s/ Feret de Blois,
   échéant au dit jour, ci fr. 400

———————— 20 *d⁰*. ————————

10| Payé le montant du B/ o/ *Simonneau* de Nancy, éché-
   ant au dit jour, ci fr. 3,050

———————— 21 *d⁰*. ————————

10| Remis à *Bertin* d'Auxerre :
   M/ B/ au 10 juin, p/ solde de tout compte entre
   nous, ci fr. 700

———————— 23 *d⁰*. ————————

10| Prêté à *Camion* de Paris :
   P/ à 3 mois fr. . . . . 3,000.

———————— 24 *d⁰*. ————————

11| Compté à *Robert* d'Etampes :
   P/ c/ Augier de Sens fr. 3,000

———— 25 FÉVRIER. ————

| 11 | Emprunté à *Gabaux* de Paris : |
| | P/ à 2 mois, intérêts 2 $\frac{1}{4}$ pour °/₀, retenus à l'a- vance, la somme de fr. . . . . 10,000 |

$$\text{Intérêts à déduire.} \quad \ldots \quad 225$$
$$\text{Somme nette touchée.} \quad \ldots \quad 9,775$$

———————— 28 *d°.* ————————

| 11 | Vendu à *Bernard* de Meaux : |

P/ en une t^te au 15 juillet, de fr. 4000, tirée s/ moi par le dit sieur et qu'il a annulée ; le reste en compte :

Quarante tonneaux vin Bourgogne, à fr. 145 le tonneau, ci 5,800

———————— 1er MARS. ————————

| 11 | Payé à *Divers* : |

P/ dépenses de maison, pendant février, fr. 400

———————— 2 *d°.* ————————

| 12 | Payé à *Divers* : |

P/ menus frais généraux, faits en février, fr. 500

———————— 3 *d°.* ————————

| 12 | Remis à *Baudry* de Charenton : |

M/ B/ de plaisir, au 4 mai, de fr. 800

———————— 5 *d°* ————————

| 12 | Payé au *Percepteur* : |

P/ contributions de six mois, fr. 154,25

————— 7 MARS. —————

12 | Payé à m/ *Voiturier :*
P/ divers chargements fr. 359

————————— 9 *d°.* —————

12 | Payé à m/ *Commis :*
P/ émoluments de trois mois, fr. 400

————————— 10 *d°.* —————

12 | Reçu de deux *Elèves :*
P/ prix de leur pension pendant 6 mois, fr. 1200

————————— 12 *d°.* —————

12 | Mon débiteur *Augier* de Sens, est mort insolvable : je
perds une partie de ce qu'il me devait fr. 5237,29

————————— 13 *d°.* —————

13 | Vendu à *Pinson* de la Ferté-Aleps :
P^ble à un mois :
Trente hectares terres labourables sises à Boutigny, à
fr. 605 l'hectare, ci. 18150

————————— 14 *d°.* —————

13 | Payé à *Divers ouvriers :*
P/ réparations faites à la maison que je possède à
Orléans, fr. 2500

————————— 16 *d°.* —————

13 | Payé à m/ *Garçons* de magasin :
P/ gages pendant un mois, fr. 200

——— 18 MARS. ———

13	Vendu à *Mainfroi* de Sèvres :

P^ble comme suit :

1° espèces. 500
2° B/ du dit sieur, au 3 juin, de fr. 475
3° un millier bouteilles Sèvres, ci. 349
4° en compte. 16

          total. 1340

Vingt pièces vin Orléans, bonne qualité, à
  fr. 67 la pièce, ci. 1340

——— 19 *d°*. ———

14 | Acheté à *Pillet* de Cognac :

P/ comptant s/ escompte 2 ¹/₂ p/ °/₀ :
Cinq tonneaux eau-de-vie, qualité supérieure, à
fr. 209 le tonneau, ci brut. . . . . . . 1045 »
    Escompte à déduire. 26 12
    Somme nette à compter. . . . 1018,88

——— 20 *d°*. ———

14 | Acheté à *Bouret*, marchand de meubles,
  p^ble comptant,
Un meuble de salon, ci. , ... fr. 1250

——— 24 *d°*. ———

14 | Compté à *Poirson*, économe au collège de Henri-
Quatre, p/ un trimestre de la pension de mon
fils. fr. 250

25 MARS.

14	Reçu des époux *Michel*, de Paris,
	P/ leur servir une rente annuelle et viagère de fr. 800, la somme de. . . . . fr. 7000

— 28 d°. —

14	Compté à *Grenier*, de Châlons,
	P/ solde de tout compte entre nous, la somme de fr. 800

D. Le mémorial dont vous venez de donner un modèle suffit-il toujours aux besoins du commerçant ?

R. Non : la plupart des commerçants sont obligés de le diviser en un nombre plus ou moins considérable de livres, dont chacun présente à part, et souvent dans un ordre différent de celui établi plus haut, les notes relatives aux opérations de la même espèce.

D. Faites connaître les livres en lesquels se divise le plus ordinairement le mémorial?

R. Les livres en lesquels se divise le plus ordinairement le mémorial sont : le livre d'achats, le livres de ventes, le livre de magasin, le livre de frais généraux, le livre de dépenses de maison, le livre de caisse, le livre des comptes des ouvriers, le livre des ouvriers en ville, le carnet d'échéances, le livre d'avis, le livre des ports de lettres et le livre des comptes courants.

Du Livre d'Achats.

D. Qu'est-ce que le livre d'achats ?

R. Un livre comprenant la partie du mémorial relative aux achats?

D. Dans quelles circonstances ouvre-t-on ordinairement ce livre?

R. Les opérations d'une maison peuvent être assez nombreuses pour obliger à employer plusieurs commis; dans ce cas l'un d'eux est chargé des achats ou au moins des écritures relatives aux achats, et ouvre un livre d'achats.

D. Comment dispose-t-on les écritures sur le livre d'achats?

R. Comme sur le Mémorial, dont le livre d'achats ne diffère que par l'addition d'une colonne destinée à recevoir les sommes.

D. Donnez un modèle du livre d'achats?

R. *Livre d'Achats.*

6 JANVIER.

5	Acheté à Barry, d'Auxerre, payable en m/ B/ fin avril, de fr. 1000, le reste en compte.		
	Vingt-sept tonneaux Bourgogne, comme suit :		
	12 tonn. 2e qual., à fr. 108,	ci	1296
	6 tonn. 3e qual., à fr. 69,	ci	414
	9 tonn. 4e qual., à fr. 62,	ci	558
27		*Total.* ci	2268

Du Livre de Ventes.

D. Qu'est-ce que le livre de ventes?

R. Un livre comprenant la partie du mémorial relative aux ventes.

D. Dans quelles circonstances ouvre-t-on ce livre?

R. En des circonstances analogues à celles qui font ouvrir le livre d'achats.

D. Comment dispose-t-on les écritures sur ce livre?

R. Comme sur le précédent.

D. Donnez un modèle du livre de ventes.

R. *Livre de Ventes.*

	10 JANVIER.			
5	Vendu à Dussieu de Versailles, payable comptant s/ escompte 3 %/% :			
	Quatre tonneaux vin Bordeaux, à fr. 127 le tonneau, ci. brut.	508	»	
	Escompte 3 %/% à déduire	15	24	
	Somme nette.	492	76	492 76

Du Livre de Magasin.

D. Qu'est-ce que le livre de magasin ?

R. Un livre comprenant la matière des deux précédents et dispensant de les tenir.

D. Expliquez la réglure de ce livre ?

R. Le livre de magasin se divise en deux parties bien distinctes placées en regard, intitulées entrée et sortie et dont l'une, l'entrée, est destinée à recevoir écriture de toutes les marchandises achetées; et l'autre, la sortie, comprend les écritures relatives à toutes celles vendues. Chacune de ces deux parties se subdivise en colonne, dont la destination est indiquée en tête.

D. Donnez un modèle du livre de magasin ?

R. *Livre de*

Entrée

Nos d'ordre.	DATE D'ENTRÉE.	fo du journal.	MODE de PAIEMENT.	NOM du VENDEUR.	QUANTITÉ ET QUALITÉ des MARCHANDISES.		PRIX D'ACHAT.	
1	1832 novembre.	3	1	En compte.	Mallet de Bordeaux.	1400 bout. liq. var.	3 50	4900	
2	1832 nov.	7	1	En compte.	Herpain de S.-Germ.	30 tonn. Bourg. sup.	89	2670	
3	1832 déc.	4	1	En compte.	Herpain de S.-Germ.	24 tonn. Bord. sup.	165	3960	
4	1833 janv.	6	4	m/b et en compte.	Barry d'Auxerre.	27 tonn. Bourg. sup.	84	2268	
5	1833 janv.	19	5	Présent.	m/Père.	10 tonn. Bord. com.	109	1090	
6	1833 févr.	14	7	2 b/ et en compte.	Picard d'Orléans.	50 pièces Orléans.	59	2950	
7	1833 mars.	19	10	Comptant Escompte 2 1/4.	Pillet de Cognac.	5 tonn. eau-de-vie.	209	1018	88
				transporté sur l'autre page.				18856	88

Magasin.

Sortie.

DATE DE SORTIE.	f° du journal.	MODE de PAIEMENT.	NÓM de L'ACHETEUR	QUANTITÉ ET QUALITÉ des MARCHANDISES.		PRIX DE VENTE.	
1833 févr.	12	7	Tte s/ Rigneux.	Brice de Paris.	1000 bout. anisette.	4	4000	
1833 janv.	3	4	s/b et en compte.	Francisco de Paris.	6 tonn. vieux.	145	870	
do	28	8	Tte rendue et en compte.	Bernard de Meaux.	24 tonn.	145	3480	
1833 janv.	10	4	Comptant esc. 3 %	Dussieu de Versailles.	4 ton.com.	127 61	492 76
do	22	5	Comptant escompte 2 1/2 %	Carrier de Paris.	20 tonn.	180 28	3510	
1833 févr.	28	8	En compte.	Bernard de Meaux.	16 tonn.	145	2320	
1833 mars.	18	10	Escomp. b/ et en cte.	Maînfroi de Sèvres.	20 pièces.	67	1340	
			transporté sur l'autre page.				16012 76

Du Livre de frais généraux.

D. Qu'est-ce que le livre de frais généraux ?

R. Un livre comprenant la partie du mémorial relative aux frais nécessités par l'espèce de commerce qu'on fait, comme frais de fabrication, de transport, de voyage, etc.

D. Comment se règle ce livre ?

R. Comme les livres d'achats et de ventes.

D. Donnez un modèle du livre de frais généraux ?

R. *Livre de frais généraux.*

	2 MARS.		
12	Payé aux suivants pour solde des mémoires qu'ils m'ont remis au dit jour.		
	A Rousseau, mon tonnelier	200	
	A Florentin, mon voiturier	200	
	A Leveillé, mon camionneur	100	
		ci	500

Du Livre de Dépenses de Maison.

D. Qu'est-ce que le livre de dépenses de maison ?

R. Un livre comprenant la partie du mémorial relative aux dépenses qu'on fait pour son ménage.

D. Comment règle-t-on ce livre et y dispose-t-on les écritures ?

R. La réglure de ce livre est la même que celle du précédent ; quant à la disposition des écritures, elle est différente : les dépenses de maison devant être passées au journal en un seul article, chaque mois, sont rangées dans le livre qui leur est propre, sous l'indication du mois auquel elles appartiennent et du folio du journal où on les retrouve, à la suite de la date du jour où elles ont

eu lieu, laquelle date est placée dans la colonne destinée
à recevoir les n^os des feuilles du journal sur l'autre.

D. Donnez un modèle du livre de dépenses de maison.

R.   *Livre de Dépenses de maison.*

FÉVRIER. folio 11.		
5	Compté à mon boucher sur son dernier mémoire	100
9	Soldé un mémoire de médecin	150
15	Payé à la bonne son trimestre	50
20	Soldé un mémoire d'épiceries	50
25	Donné au boulanger le montant de son mémoire	50
	Transporté au journal	400

Du Livre de Caisse.

D. Qu'est-ce que le livre de caisse ?

R. Un livre comprenant la partie du mémorial relative
aux recettes et aux dépenses, et faisant connaître le
mouvement des fonds et l'état de la caisse.

D. Faites connaître la réglure de ce livre et l'usage de
cette réglure ?

R. Ce livre, comme celui de magasin, se divise en
deux parties placées en regard sur deux feuillets et dont
l'une, celle de droite, intitulée recette, comprend toutes
les sommes reçues, et l'autre, celle de gauche, intitulée
dépense, comprend les sommes fournies. Chacune de
ces parties se subdivise en colonnes pour les dates, pour
les n^os des pages du journal, et pour les sommes.

D. Donnez un modèle du livre de caisse.

Livre de

Recette.

1832 déc.	31	Argent en caisse	1	20000	
1833 janv.	3	Reçu de Francisco, de Paris	5	435	
	10	Reçu de Dussieu, de Versailles	5	492	76
	15	Reçu de Thomassin, de Troyes	5	54	
	22	Reçu de Carrier, de Paris	6	3510	
	24	Reçu de Bastard, mon banquier	6	6401	85
		Total		30893	61
do févr.	1	Argent en caisse		16656	76
	id	Reçu le montant de la succession de ma tante.	8	35000	
	3	Reçu de Pénot, de Limas	8	12000	
	11	Reçu de Rabourdin, mon fermier	9	1000	
	15	Reçu de Boutard, de Mâcon	10	3945	17
	20	Touché le montant de la traite Dubois sur Féret	10	400	
	25	Reçu de Gabaux, de Paris	11	9775	
		Total		78776	93
do mars.	1	Argent en caisse		69601	93
	10	Reçu de deux élèves pour leur pension	12	1200	
	18	Reçu de Mainfroi, de Sèvres	13	500	
	25	Reçu des époux Michel	14	7000	
		Total		78301	93

Caisse.

Dépense.

Date	Jour	Désignation	Fol.	Francs	c.
1833 janv.	20	Payé à Renard, mon propriétaire	6	3000	
	23	Compté à Picard, de Bourdan	7	4486	85
	27	Compté à Bustard, d'Orléans	8	6750	
		Dépense de janvier		14236	85
	31	Argent trouvé en caisse		16656	76
		Total		30893	61
d° févr.	10	Payé à Xavier, de Paris	9	125	
	20	Payé le montant du b/ o/ Simonneau	10	3050	
	23	Compté à Camion, de Paris	10	3000	
		Compté à Robert, d'Etampes pour Augier, de Sens	11	3000	
		Dépense de Février		9175	
	28	Argent trouvé en caisse		69601	93
		Total		78776	93
d° mars.	1	Payé pour dépenses maison en janvier et février	11	400	
	2	Payé pour frais faits pendant les mêmes mois	12	500	
	5	Compté pour contributions d'un trimestre	12	154	25
	7	Payé à mon voiturier	12	359	
	9	Compté à mon commis	12	400	
	14	Compté à divers ouvriers pour réparations à ma maison d'Orléans	13	2500	
		Dépense de mars, jusqu'au 15		4313	25
	15	Argent trouvé en caisse.		73988	68
		Total		78301	93

Du Livre des comptes des Ouvriers.

D. Qu'est-ce que le *livre des comptes des ouvriers ?*

R. Un livre qui comprend la partie du mémorial relative aux sommes comptées aux ouvriers, et sert à rappeler les conditions auxquelles ils sont entrés dans un atelier, ainsi que l'argent qu'ils ont reçu, les journées qu'ils ont faites, etc.

D. Comment se règle ce livre et dans quel ordre y passé-t-on les écritures ?

R. Ce livre se règle, à l'addition près d'une colonne destinée à recevoir les mois et les années, comme le livre de dépenses de maison. On y ouvre un compte à chaque ouvrier, à l'époque de son entrée ; on tient note sur ce compte, par ordre de dates, des variations de conditions, des absences, de l'argent fourni, etc.

D. Donnez un modèle de ce livre.

R. *Livre des comptes des Ouvriers.*

		BANOUARD		
1833 févr.	8	Entré, prix convenu, 3 fr. par jour		
	15	Compté pour 10 jours	30	
	16	Augmenté de 50 centimes		
	18	Absent		
	19	Absent 2/3 de jour		
mars.	1	Compté pour 9 jours 1/3	32	67
	do	*Transporté sur frais généraux*	62	67

Du Livre des Ouvriers en ville.

D. Qu'est-ce que le livre des ouvriers en ville ?

R. Un livre servant à rappeler aux commerçants qui

font fabriquer en ville, les matières emportées et les ouvrages rapportés en retour.

D. Comment se tient ce livre ?

R. Ce livre se divise en deux parties, dont l'une, celle
de gauche, comprend les écritures relatives aux matières
emportées, et l'autre, celle de droite, sert à indiquer les
ouvrages rapportés.

D. Donnez un modèle de ce livre.

R.

Veuve Beauvalet.

Fournitures.   rue St.-Jacques n. 4.   Recouvrements.

1833 jan. 3	12 mèt. toile cret.	9 d°	Six chemises.
9 d°	5 mèt. mousseline.	15 d°	20 bonnets

Du Carnet d'Echéances.

D. Qu'est-ce que le carnet d'échéances ?

R. Un livre sur lequel on écrit des notes relatives aux
sommes à toucher ou à payer soit par billets, soit autrement.

D. Expliqüez la réglure de ce livre et l'emploi de cette
réglure.

R. Comme les livres de caisse et de magasin, le carnet d'é-
chéances se divise en deux parties, qu'on place de front, sur
deux pages différentes subdivisées en mois. Celle de gauche
comprend sous le nom de débit toutes les sommes à payer,
et celle de droite, sous le nom de crédit, les sommes à toucher. La première colonne de chaque page est réservée aux
numéros des billets, la deuxième aux dates, la troisième
aux sommes, la quatrième sert à indiquer les paiements,
négociations etc., à mesure que ces opérations ont lieu.

D. Donnez un modèle du carnet d'échéances.

R.　　　　　　　　　　　　　　　　　　　　*Carnet*

Débit.

1	4	O/ Robert, de Lyon		249	
2	7	O/ Laurençon, de Bordeaux		775	
3	15	O/ Lelièvre, de Bourdan		1200	
4	7	Tte de Moreau, de Corbeil		800	
5	20	Tte de Biset, de Sinas		900	
11	3	O/ Philippeau, d'Angers		1500	
15	20	O/ Simonneau, de Nancy		3050	
16	8	O/ Brossard, de Lisieux		550	
17	1	Tte de Bigot, de Mantes		460	
24	20	O/ Laurent, de Paris		664	25
18	5	Tte de Vézard, de Pithiviers		700	
20	30	O/ Barry, d'Auxerre		1000	
26	3	Tte d'Arnould, de Saint-Quentin		2975	
27	25	Emprunt fait à Gabeaux		10000	

JAN

FÉ　　acp.

M

A

Montant des effets à payer, trans-porté sur l'autre page

d'Echéances.

Crédit.

VIER					
VRIER					
	7	20	Tte de Dubois s/ Féret, de Blois	400	en c.
	23	do	do de Pillas s/ Granger, de Tours	1269	
ARS					
	8	3	Tte de Rib s/ Péan, de Tours	785	
	9	4	B/ de Langlois, de Bordeaux	5629	
	10	25	B/ de Laurencin, de Lyon	900	
	19	5	B/ de Francisco, de Paris	435	
	22	3	B/ de Robert, de Pontoise	2554	
VRIL					
	11	2	B/ de Grandin, de Tours	2535	nég.
	29	3	Versement de Repson p/ vente à lui faite de m/ terres de Boutigny	18150	

Montant des effets à recevoir, transporté sur l'autre page.

Du Livre d'Avis.

D. Qu'est-ce que le livre d'avis ?

R. Un livre sur lequel un commerçant inscrit jour par jour les commissions, ordres ou avis qu'il reçoit de ses correspondants, ainsi que des notes relatives à leur exécution.

D. Donnez des explications sur la réglure de ce livre et l'emploi de cette réglure.

R. Ce livre se divise en deux parties séparées par une colonne de dates : la partie gauche comprend les notes relatives aux commissions, etc.; la partie droite, celles relatives à leur exécution.

D. Donnez un modèle de ce livre.

R. *Livre d'Avis.*

Expédier à Barry fin c/ 9 pièces de Bordeaux.	1833 janv. 1	Anselme, voit., a chargé le 28.
Acheter, pour Robert, un cheval.	d° févr. 4	

Du Livre des Ports de Lettres.

D. Qu'est-ce que le livre des ports de lettres ?

R. Un livre sur lequel on tient note du port des lettres qu'on reçoit de chaque correspondant, pour le lui faire payer quand on arrête avec lui.

D. Comment tient-on ce livre ?

R. Comme celui des comptes des ouvriers.

D. Donnez un modèle du livre des ports de lettres.

R. *Livre des Ports de Lettres.*

ANGIER de Sens.

1832 mars.	3	Un port. de Sens, poids commun		50
		d° papiers sous enveloppe, même ville	1	25

Du Livre des Comptes courants portant intérêt.

D. Qu'est-ce que le livre des comptes courants portant intérêt ?

R. Un livre sur lequel un commerçant inscrit toutes les sommes qu'il doit à un correspondant, ainsi que toutes celles qui lui sont dues par ce correspondant, et en calcule les intérêts.

D. Faites connaître la réglure du livre des comptes courants portant intérêt, et son usage.

R. Le livre des comptes courants portant intérêt, se *divise en comptes* subdivisés à leur tour en deux parties, dont l'une, celle gauche, intitulée *doit* ou *débit*, comprend toutes les sommes fournies par le commerçant, et l'autre, celle de droite, intitulée *avoir* ou *crédit*, toutes celles fournies par le correspondant. Chacune de ces deux parties se règle ainsi : 1° une double colonne pour les dates ; 2° une colonne pour les sommes fournies ; 3° une colonne de détails ; 4° une colonne dans laquelle on porte les dates à partir desquelles les intérêts doivent courir ; 5° une colonne contenant le nombre de jours qui s'est écoulé depuis ces dates jusqu'à celle où le compte est arrêté ; 6° une colonne dans laquelle on écrit le produit de chacune des sommes portées dans la seconde colonne, multipliée par le nombre de jours, inscrit dans la cinquième.

D. Comment trouve-t-on l'intérêt dû pour les diverses sommes qui figurent dans un compte courant portant intérêt ?

R. En multipliant successivement chacune des sommes renfermées dans la deuxième colonne par le nombre de jours correspondant, renfermé dans la cinquième ; en ad-

6

ditionnant, tant au débit qu'au crédit, les produits de ces multi-
plications, en soustrayant la somme la plus faible de la plus forte, et
en prenant l'intérêt, pour un jour, de la différence, intérêt qu'on porte

R. *Livre des Comptes*

Monsieur AUGIER, de Sens, son Compte courant

Doit.

1832 janv.	1	357	28	Solde du compte précédent	1 janvier	97	34656	16
do	7	3629		Ma facture pour 30 pièces de vin	1 avril			
				Orléans		7	25403	
février	3	254	18	Payé pour le dit sieur à Dupré	1 février	67	17030	06
do	5	475		Sa traite sur moi, ordre Boutard, de	3 mars			
				Lyon		34	16150	
do	15	537		Ma commission 3 % sur ses toiles	20 février	47	29939	
do	25	942		Ma facture pour 200 bout. liqueurs	25 do	42	39564	
mars	6	863	04	Mon billet de plaisir, ordre du dit	1 avril			
				sieur		7	6011	28
do	12	575		Soldé sa lettre de crédit	15 mars	22	12650	
Avril	3	4627		Ma facture pour 5 ton. vin Medoc	4 avril	3	13881	
do	5	169		Son mandat à vue, ordre Moreau	5 do	2	338	
		12528	50				195652	50
				Balances des nombres			46346	89
							241898	89
Avril	7	61	40	Solde du compte précédent	8 avril			

dans la seconde colonne, au débit ou au crédit, selon qu'il est ou qu'il n'est pas en faveur du correspondant.

D. Donnez un modèle du livre des comptes courants portant intérêt.

courants portant intérêt.

et d'Intérêts, à 6 p/°/₀ l'an.

Avoir.

1833 févr.	3	254		Ma traite sur lui, ordre Neveu	10 janvier	87	22098	
do	9	675	25	Sa remise en espèces	9 do	88	59422	
do	24	1232		Son billet à mon ordre	1 février	67	82544	
février	7	165		Sa traite sur Arnould	5 mars	32	5280	
do	12	797		Son acceptation à ma traite, ordre	28 do			
				Hus		17	13549	
do	20	639	34	Sa facture pour 4 tonn. eau-de-vie	21 février	46	29409	64
mars	5	537		Ma lettre de crédit sur lui	1 avril	7	3759	
do	27			Mon billet à domicile acquitté par	2 do			
		679		lui		5	3395	
avril	3	7480	75	Sa facture pour 900 kil. de fer	4 do	3	22442	25
		7	71	Intérêts sur 46,348 fr. 15 cent.			241898	89
		12467	05					
		61	45	*Solde en ma faveur*				
		12528	50					

ARTICLE II.

Des Livres principaux.

D. Quels livres désigne-t-on sous le nom de livres principaux ?

R. Ceux des livres de commerce que doit ouvrir un commerçant qui tient à satisfaire aux exigences de la loi et à voir clairement l'état de ses affaires.

D. Quels sont les livres principaux ?

R. Ce sont le *journal* et le *grand-livre* ou livre d'extraits.

D. De combien de manières peut-on tenir les livres principaux ?

R. De deux manières : on peut les tenir en partie simple et en partie double.

D. Qu'entendez-vous par tenir des livres en partie simple ?

R. Tenir des livres en partie simple, c'est y prendre note des diverses opérations qu'on fait, c'est les tenir comme ont été tenus les livres auxiliaires.

D. Qu'est-ce que tenir des livres en partie double ?

R. Tenir des livres en partie double, c'est y prendre note aussi des diverses opérations qu'on fait, mais de telle manière qu'on ne peut se tromper sans le savoir.

D. Quelle méthode doit être préférée ?

R. Celle des parties doubles, parce qu'elle offre sur l'autre l'avantage inappréciable d'un contrôle continuel.

D. Sur quel principe est fondé le système des parties doubles ?

R. Sur ce principe : il n'y a pas de débiteur sans créancier, ni de créancier sans débiteur.

D. Qu'appelle-t-on comptes ?

R. Les différentes classes en lesquelles un commerçant range les opérations qu'il fait.

D. Quels sont les comptes que doit ouvrir un commerçant qui veut tenir ses livres en partie double ?

R. Ce sont cinq comptes principaux appelés caisse, marchandises générales, effets à recevoir, effets à payer, et profits et pertes, qui, avec une foule d'autres secondaires, tels que ceux de bilan d'entrée, bilan de sortie, capital, immeubles, frais généraux, dépenses de maison, marchandises en commission, foire, succession, intérêt ou action sur un objet dans une entreprise, fonds, levée d'un associé, etc., servent à le représenter, et un nombre indéterminé d'autres comptes, représentant les personnes avec lesquelles il fait des affaires, ou ses correspondants.

D. Comment le commerçant peut-il être représenté par des comptes ?

R. Dans le système des parties doubles le commerçant n'est pas nommé : s'il entre, par exemple, des marchandises dans son magasin, au lieu de dire qu'il doit, on dira qu'un compte appelé marchandises, doit. Il en est de même des autres comptes.

D. Qu'est-ce qu'un débiteur, qu'est-ce qu'un créancier, dans le système des parties doubles ?

R. Un débiteur est un compte qui doit, qui possède, qui a acquis, et un créancier est un compte auquel il est dû, qui a fourni, qui supporte un dommage, une perte.

D. Qu'est-ce que débiter un compte, qu'est-ce que le créditer ?

R. Débiter un compte, c'est écrire qu'il doit, qu'il a acquis, qu'il possède ; le créditer, c'est écrire qu'il lui est dû, qu'il a fourni, qu'il supporte un dommage, une perte.

D. Comment se divise un compte ?

R. En deux parties, dont l'une, qui contient tout ce dont on le débite, s'appelle indifféremment gauche, débit, doit, recette ; et l'autre, qui renferme tout ce dont on le crédite, prend les noms de droite, crédit, avoir et dépense.

D. Comment sait-on quand il faut débiter un compte ou le créditer ?

R. En faisant les questions, qu'entre-t-il et que sort-il ? le nom du compte par lequel on répond à la première question, est celui du compte qu'il faut débiter, et le nom du compte pour lequel on répond à la seconde, est celui du compte qu'il faut créditer.

D. Si l'une des opérations demeure sans réponse, que faut-il en conclure ?

R. Que le compte de profits et pertes, ou celui d'un correspondant est débiteur ou créancier, selon la nature de la question.

D. De quoi débite-t-on et crédite-t-on le compte de marchandises générales ?

R. On le débite de toutes les marchandises qui entrent ou qu'on achète, et on le crédite de toutes celles qui sortent, qu'on vend, qu'on donne, qu'on perd.

D. De quoi débite-t-on le compte de caisse, de quoi le crédite-t-on ?

R. On débite le compte de caisse de tout l'argent qu'on reçoit, et on le crédite de celui qui sort de la caisse.

D. De quoi débite-t-on le compte d'effets à recevoir, de quoi le crédite-t-on ?

R. On le débite de tous les effets qui entrent dans notre

portefeuille, et on le crédite de ces mêmes effets, quand ils en sortent, soit pour être négociés, soit pour être touchés.

D. De quoi débite-t-on le compte d'effets à payer, de quoi le crédite-t-on ?

R. On le débite de tous les effets qui rentrent dans notre portefeuille, quand nous en avons payé le montant, et on le crédite de ces mêmes effets, quand nous les mettons dans le commerce.

D. De quoi débite-t-on le compte de profits et pertes, de quoi le crédite-t-on ?

R. On le débite de toutes les pertes qu'on supporte, et on le crédite de tous les bénéfices qu'on fait.

D. De quoi débite-t-on le compte de bilan d'entrée, de quoi le crédite-t-on ?

R. On le débite du montant du passif, et on le crédite de celui de l'actif.

D. De quoi débite-t-on le compte de bilan de sortie, de quoi le crédite-t-on ?

R. On le débite de l'excédant que présente le débit des comptes sur leur crédit, quand on les arrête, et on le crédite de l'excédant de leur crédit sur leur débit.

D. De quoi débite-t-on le compte de capital, de quoi le crédite-t-on ?

R. On le débite de l'excédant du passif du négociant sur son actif, des pertes considérables qui lui surviennent, et du total des pertes faites dans le courant d'une année ; on le crédite de l'excédant de l'actif sur le passif, des successions qui surviennent, de la mise de fonds des associés et du total des bénéfices faits d'un inventaire à l'autre.

D. De quoi débite-t-on le compte d'immeubles, de quoi le crédite-t-on ?

R. On le débite du prix des immeubles, des réparations, impositions et autres dépenses qu'ils nécessitent ; on le crédite des loyers ou revenus qu'on en tire, ainsi que du prix de la vente, quand on s'en défait.

D. De quoi débite-t-on le compte de frais généraux, de quoi le crédite-t-on ?

R. On le débite de tous les frais que nécessitent la fabrication, le transport des marchandises, etc. ; on le crédite des remboursements de ces frais, qu'on pourrait obtenir.

D. De quoi débite-t-on le compte de dépenses de maison, de quoi le crédite-t-on ?

R. On le débite de toutes les dépenses qu'on fait pour son entretien et celui de sa famille, et on le crédite de tous les remboursements de ces frais, qui nous sont faits.

D. De quoi débite-t-on le compte de marchandises en commission, de quoi le crédite-t-on ?

R. On le débite du prix coûtant des marchandises envoyées à un commissionnaire, pour être vendues par lui, on le débite encore des frais faits pour les conduire jusque dans les magasins du commissionnaire, de la commission, etc., et on le crédite du produit net.

D. De quoi débite-t-on le compte de foire, de quoi le crédite-t-on ?

R. On le débite de la valeur des marchandises qu'on envoie à une foire, ainsi que des frais de transport et autres nécessités pour l'envoi, et on le crédite de la valeur de celles vendues et de celles non vendues.

D. De quoi débite-t-on le compte de succession, de quoi le crédite-t-on ?

R. On le débite de tout ce qu'on débourse pour poursuivre la liquidation d'une succession ; on le crédite de tout ce qu'on reçoit.

D. De quoi débite-t-on le compte d'intérêt ou d'action ?

R. On le débite du prix de l'action et des frais occasionnés par elle, et on le crédite du produit de cette action, quand on en touche les revenus et qu'on la vend, ou de sa valeur, quand on balance les comptes.

D. De quoi débite-t-on le compte de liquidation, de quoi le crédite-t-on ?

R. Ce compte n'étant que celui de balance de sortie sous un autre nom, on le débite de ce dont on débite balance de sortie, et on le crédite de ce dont on crédite le même compte.

D. De quoi débite-t-on le compte de fonds d'un associé, de quoi le crédite-t-on ?

R. On le débite de la mise de fonds que cet associé s'est obligé à fournir, et on le crédite de ses versements.

D. De quoi débite-t-on le compte de levées d'un associé, de quoi le crédite-t-on ?

R. On le débite des levées de cet associé, et on le crédite de celles qu'il a le droit de faire chaque année.

D. Que ferez-vous remarquer relativement aux comptes désignés plus haut sous le nom de secondaires ?

R. Qu'ils sont pour la plupart des divisions des cinq comptes principaux dans lesquels ils rentrent.

D. De quoi débite-t-on les comptes de correspondants ou personnels, de quoi les crédite-t-on ?

R. On les débite des dettes que chaque correspondant

7

contracte à l'égard du commerçant, et on les crédite de toutes celles que le commerçant contracte à l'égard de chaque correspondant.

D. Pierre m'a vendu une pièce de vin ; je la lui ai payée comptant : quel est le compte débiteur ? quel est le compte créancier ?

R. Qu'entre-t-il ? — des marchandises : donc le compte de marchandises générales est débiteur et doit être débité. Que sort-il ? — de l'argent : donc le compte de caisse est créancier et doit être crédité.

D. Mon père m'a fait don de 6,000 francs : quel est le compte débiteur ? quel est le compte créancier ?

R. Qu'entre-t-il ? — de l'argent : donc le compte de caisse est débiteur et doit être débité. Que sort-il ? — rien, mais j'ai fait un profit : donc le compte de profits et pertes doit être crédité.

D. J'ai acheté deux pièces de vin à Bonneau d'Orléans ; je les ai payées moitié comptant, moitié en un billet à six mois : quel est le compte débiteur ? quel est le compte créancier ?

R. Qu'entre-t-il ? — des marchandises : donc le compte de marchandises générales est débiteur et doit être débité. Que sort-il ? — un billet et de l'argent : donc les comptes d'effets à recevoir et de caisse sont créanciers et doivent être crédités.

D. J'ai fait un billet de plaisir à Camion : quel est le compte débiteur ? quel est le compte créancier ?

R. Qu'entre-t-il ? — rien ; mais Camion me doit le montant du billet qu'il a reçu : donc le compte de Camion est débiteur et doit être débité. Que sort-il ? — un effet à payer : donc le compte d'effets à payer est créancier et doit être crédité.

D. J'ai acheté une maison, que j'ai payée partie en effets à payer, partie en effets à recevoir, partie en marchandises : quel est le compte débiteur? quels sont les comptes créanciers?

R. Qu'entre-t-il? — un immeuble : donc le compte d'immeubles est débiteur et doit être débité. Que sort-il? — de l'argent, des effets à payer et à recevoir, des marchandises : donc les comptes de caisse, d'effets à payer et à recevoir, de marchandises, sont créanciers et doivent être crédités.

§ Ier.

Du Journal.

D. Qu'est-ce que le journal?

R. Un livre qui, aux termes de la loi, doit présenter jour par jour les dettes actives et passives du commerçant, les opérations de son commerce, les négociations, acceptations et endossements de billets, lettres de change, etc., qu'il fait, et généralement tout ce qu'il reçoit et paie à quelque titre que ce soit.

D. Comment passe-t-on les écritures du mémorial au journal?

R. Le compte débiteur et le compte créancier ayant été trouvés à l'aide des questions indiquées plus haut, on écrit en ronde, en tête de l'article, le nom du compte débiteur; à la suite, dans la même ligne, en ronde aussi et précédé de A, le nom du compte créancier : ce qui veut dire, tel compte doit à tel autre compte. La première ligne, dans lequel n'est pas compris l'espace occupé par les colonnes, est ordinairement terminée par le montant brut de l'article. Sur les lignes inférieures sont écrits, dans l'ordre indiqué au mémorial, les détails relatifs à l'opération.

D. Que fait-on quand plusieurs comptes débiteurs sont apposés à un seul compte créancier, et réciproquement?

R. Si plusieurs comptes sont débiteurs, leurs noms sont remplacés sur la première ligne par le mot *divers* qu'on écrit en ronde, et reviennent ensuite successivement en tête des lignes inférieures dans le courant de l'article, avec les détails qui y sont relatifs. Il en est de même quand plusieurs comptes sont créanciers. Dans ce cas l'article prend le nom d'article de divers.

D. Ne peut-on pas réunir plusieurs articles du mémorial, pour n'en former qu'un seul au journal?

R. On le peut, quand ces articles sont de la même espèce; on le doit même pour les articles qui concernent les dépenses de maison, dont la loi exige seulement écriture mois par mois.

D. Donnez quelques explications sur la réglure du journal et l'usage de cette réglure.

R. Le journal se règle ainsi : 1° une colonne pour recevoir les numéros des pages du grand-livre ; 2° un large espace pour les détails ; 3° une colonne pour recevoir les sommes qui doivent former le montant des articles; 4° une colonne pour ce montant, à quoi on ajoute une colonne, quand on passe l'inventaire.

D. Donnez un modèle de journal.

JOURNAL des opérations de la maison ARTAUT

commencé le 1ᵉʳ janvier 1833 et clos le 1ᵉʳ avril même année.

Folio 1.

1ᵉʳ JANVIER.

2			*Divers à bilan d'entrée.* . 134,833,26 Montant de m/ actif.	
			Caisse. . . . . . 20,000 Espèces qui s'y trouvent.	20000
2			*Immeubles.* . . . . 36,000 Ceux ci-dessous désignés :	
	21000		*Une maison* sise à Sèvres, Grande rue n. 45, estimée, d'après son coût de 15,000 fr., les réparations et agrandissements qui y ont été faits, pour une valeur de 6,000 fr.	
	15000		*Dix hectares* terres labourables, sises territoire de Boutigny, commune de la Ferté-Aleps, arrondissement d'Etampes, département de Seine-et-Oise, estimés 1,500 francs l'hectare..	36000
2			*Marchandises générales*, 27,864,50, celles ci-dessous détaillées :	
	21234	50	*Six mille soixante-sept bouteilles liqueurs*, espèce et qualité différentes, estimées, l'une portant l'autre, 3 f. 50	
	2670		*Trente tonneaux vin Bourgogne*, espèce et qualité différentes, estimés, l'un portant l'autre, 89 fr.	
	23904	50	*Transporté sur l'autre page.*	56000

Folio 2.

Folio	Détail		Désignation	Partiel		Total	
	23904	50	*Transporté de l'autre page*.	56000			
	3960		*Vingt-quatre tonneaux vin Bordeaux*, qualité supérieure, à fr. 165 le tonneau.	27864	50		
3			*Meubles et effets mobiliers*, 10,000 *fr.* Ceux à mon usage.	10000			
			Débiteurs en compte courant, 18,745,75. Ceux dont les noms suivent :				
2	5237	29	Augier de Sens.				
3	4729		Mathieu de Lyon.				
3	3945	17	Boutard de Mâcon.				
3	1558	30	Lesage de Besançon.				
4	475		Arnould de Rambouillet.				
4	789		Pillas de St.-Germain-en-Laye.				
4	1265		Bernier d'Angerville				
4	747		Rosier de Paris.	18745	76		
5			*Effets à recevoir*, 22,223. Ceux ci-dessous inscrits :				
	5629		Bts Langlois de Bordeaux				
	900		Laurencin de Lyon.				
	2535		Grandin de Tours.				
	4158		Beaulieu de Pontoise				
	265		Prévost de Chartres.				
	5259		Remy de Sèvres.				
	300		Rousseau de Bourdan				
	927		Bonté d'Amiens.				
	365		Haury de Rouen.				
	400		Ttes de Dubois s/ Forêt de Blois.				
	785		Nib s/ Péan de Tours.				
	200		Moreau s/ Boutard de Paris.				
	300		Simon s/ Terrier de Reims.				
	200		Laurent s/ Lemet de Nantes.	22223		134833	26
			Transporté sur l'autre page.	134833	26	134833	26

Folio 3.

			Transporté de l'autre page	134833	26	134833	26
			——— *do.* ———				
2			*Bilan d'entrée à divers* 134833,26 montant de mon passif.				
5			*A effets à payer,* 14684. Ceux portés ci - dessous :				
	249		B^ts o/ Robèrt de Lyon.				
	775		o/ Laurençon de Bordeaux.				
	1200		o/ Lelièvre de Bourdan.				
	1500		o/ Philippeau d'Angers.				
	3050		o/ Simonneau de Nancy.				
	550		o/ Brossard de Lysieux				
	800		T^tes de Moreau de Corbeil				
	900		Bisot de Linas.				
	460		Bigot de Mantes.				
	700		Verart de Pithiviers.				
	500		Sousset d'Amiens	14684			
	4000		Bernard de Meaux				
			A créanciers en compte courant, 26503,59. Ceux dont les noms suivent :				
4	589		Baron de Pontoise.				
4	664	25	Laurent de Paris.				
5	738		Legris d'Orléans.				
6	2975		Arnould de St.-Quentin.				
6	7848		Herpin de St.-Germain.				
6	200		Pénot de Laon				
7	400		Boudet de Nantes.				
7	6589	34	Garran de Nevers.				
7	700		Bertin d'Auxerre.				
7	5000		Mallet de Bordeaux.				
7	800		Grenier de Châlons.	26503	59	134833	26
			Transporté sur l'autre page	176020	85	134833	26

Folio 4.

		Transporté de l'autre page. . . . : . . .		176020	85	134833	26
6		A *rentes constituées*, 22500. Celles que je sers aux suivants :					
	10000	A Xavier de Paris, une rente de 500 fr., à 5 p/ %.					
	12500	A Fournier de Bourdan, une rente annuelle et viagère de 1500 fr. à 12 p/ %.		22500			
6		A *capital*, 71145,67 Excédant de m/ actif s/ m/ passif, ou mon avoir liquidé.		71145	67	134833	26
		——— 3 JANV. ———					
2		*Divers à march. gén*.. . . .	870				
		Vente, à Francisco de Paris, de six ton. vin Bourgogne, vieux, à fr.	145				
5		*Effets à recevoir*.	435				
		B/ dudit sieur au 5 mars 1833		435			
1		*Caisse*.	435				
		Versement dudit sieur.		435		870	
		——— 6 *d°.* ———					
2		*March. gén. à Divers*. . .	2268				
		Achat à Barry d'Auxerre de *vingt-sept ton. vin Bourgogne*, qualité et prix ci-dessous désignés :					
		12 ton. 2e qual. à fr. 108, ci.	1296				
		6 *d°*. 3e qual. à fr. 69, ci.	414				
		9 *d°*. 4e qual. à fr. 62, ci.	558				
	27	Total.	2268				
5		*A effets à payer*.	1000				
		M/ B/ dudit sieur, fin avril prochain.		1000			
8		*A Barry*.	1268				
		Ce que je lui dois s/ la présente opération.		1268		2268	
		Transporté sur l'autre page. . .	272804	52	272804	52

Folio 5.

		Transporté de l'autre page. . . .		272804	52	272804	52
		———— 10 JANV. ————					
2		*Divers à march. gén.*	508				
		Vente à Dussieu de Versailles, de *quatre ton. vin Bordeaux*, commun, à fr. 127.					
1		*Caisse,*	492,76				
		Versement dudit sieur.		492	76		
8		*Profits et pertes*	15,24				
		Montant de l'esᶜᵗᵉ 3 % que j'ai abandonné audit sieur.		15	24	508	
		———— 15 *d⁰.* ————					
⅛		*Caisse à profits et pertes.* . .	54				
		M/ commission s/ les vins de Thomassin.		54		54	
		———— 19 *d⁰.* ————					
⅝		*March. gén. à profits et pertes,* 1090					
		Don que m'a fait m/ père de *dix ton. vin Bordeaux*, commun, à fr. 109.		1090		1090	
		———— 20 *d⁰.* ————					
⁸⁄₁		*Frais gén. à Caisse.*	3000				
		M/ remise à Renard, p/ loyer pendant un an de la maison que j'habite.		3000		3000	
		———— 22 *d⁰.* ————					
2		*Divers à march. gén.*	3600				
		Vente à Carrier de Paris de *vingt ton. vin Bordeaux*, à fr. 180.					
1		*Caisse,*	3510				
		Versement dudit sieur.		3510			
8		*Profits et perte.*	90				
		Esᶜᵗᵉ 2 ¹/₂ p/ % que j'ai abandonné audit sieur.		90		3600	
		———— 23 *d⁰.* ————					
5		*Effets à recevoir à divers.*	4723				
		Escompté à Picard de Bourdan, esᶜᵗᵉ 5 %, les Bᵗˢ suivants :					
		B/ Duplessis, au 5 mai, de fr.	900				
		d⁰. Robert, au 3 mars. .	2554				
		Tᵗᵉ de Pillas s/ Granger de Tours, au 2 7ᵇʳᵉ. . .	1269				
		Montant ensemble à. . .	4723				
		Transporté sur l'autre page. . .		281056	52	281056	52

Folio 6.

	Transporté de l'autre page....	281056	52	281056	52
1	*A Caisse.* . . . , ... 4486,85				
	M/ Versement.	4486	85		
8	*A profits et pertes.* 236,15				
	Escte 5 % que m'a abandonné ledit sieur.	236	15	4723	
	——— 24 JANV. ———				
5	*Divers à effets à recevoir.* . 6686				
	Négocié à Bastard, m/ banquier, Espté 4 1/4 % les Bts suivants :				
	B/ Bonté d'Amiens, au 1er juillet. 927				
	d⁰. Rousseau de Bourdan, 20 juin. . . . . . . , . 300				
	d⁰. Rémy de Sèvres, au 10 juin. 5259				
	Tte de Laurent s/ Limet de Nantes, 9 juin. . . 200				
	Montant ensemble à. . . 6686				
1	*Caisse.* 6401,85				
	Versement dudit sieur..	6401	85		
8	*Profits et pertes.* 284,15				
	Escte que j'ai abandonné audit sieur.	284	15	6686	
	——— 27 d⁰. ———				
2	*Immeubles à divers.* . . . 27000				
	Achat à Bastard d'Orléans, d'une maison sise rue Neuve n. 3, à Orléans, coûtant, y compris les frais :				
1	*A caisse.* 6750				
	M/ versement p/ un quart.	6750			
7	*A Bastard* d'Orléans.. . 20250				
	Ce que je lui dois s/ la présente opération.	20250		27000	
	——— 1er FÉV. ———	319465	52	319465	52
4⁄6	*Caisse à capital* 35000				
	Succession de Marie Artaut, m/ tante.	35000		35000	
	Transporté s/ l'autre page. . . .	354465	52	354465	52

Folio 7.

	Transporté de l'autre page. . . .		354465	52	354465	52
	——————— 3 FÉV. ———————					
2	*Divers à immeubles.* . . . 24000					
	Vente à Pénot de Linas , de m/					
	maison de Sèvres.					
1	*Caisse.* 12000					
	Versement dudit sieur.		12000				
7	Pénot de Linas.. 12000					
	Ce qu'il doit encore.. . . . • . . .		12000		24000	
	——————— 5 d⁰. ———————					
8/4	*Profits et pertes* à Rosier. 747					
	Ce que je perds par suite de s/					
	faillite. . . . . • .		747		747	
	——————— 8 d⁰. ———————					
4/5	*Laurent* de Paris , à *Effets à*					
	payer. 664,25					
	M/ B/ à s/ o/ au 20 présent mois,					
	p/ solde de tout compte entre					
	nous.		664	25	664	25
	——————— 10 d⁰. ———————					
6/1	*Rentes à caisse.* 125					
	Paiement à Xavier d'un quartier de					
	la rente que je lui sers..		125		125	
	——————— 11 d⁰. ———————					
1/2	*Caisse à immeubles.* 1000					
	Versement de Rabourdin , m/ fer-					
	mier, p/ loyer pendant un an					
	de mes terres de Boutigny. . . .		1000		1000	
	——————— 12 d⁰. ———————					
3/2	*Effets à recev.* à *march. gén.* 4000					
	Vente à Brice de Paris , p^ble en					
	s/ T^te d'égale somme, s/ Pigneux					
	de Versailles , au 15 mai pro-					
	chain, de *mille bouteilles anisette*					
	Bordeaux , à fr. 4.		4000		4000	
	——————— 14 d⁰. ———————					
2	*Marchandises gén.* à *divers.* 2950					
	Achat à Picard d'Orléans , de *cin-*					
	quante pièces vin Orléans , à					
	fr. 59.					
5	A *effets à recevoir.* 2800					
	Transporté sur l'autre page. . .		385001	77	385001	77

Folio 8.

	Transporté de l'autre page. . . .	385001	77	385001	77
	B^{ts} Prevost de Chartres, au 7 juin				
	prochain, de fr.. 265				
	et Grandin, au 2 avril,				
	de fr.. 2535	2800			
	A Picard d'Orléans. . . . 150				
	Versement à faire audit sieur.	150		2950	
	——— 15 FÉV. ———				
$\frac{4}{3}$	*Caisse à Boutard* de Mâcon. 3945,17				
	Versement dudit sieur, p/ solde de				
	C^{pte}.	3945	17	3945	17
	——— 18 d⁰. ———				
$\frac{6}{5}$	*Arnould à effets à payer.* 2975				
	Acceptation d'une T^{te} dudit sieur,				
	échéant au 3 avril, p/ solde de				
	tout compte entre nous.	2975		2975	
	——— 20 d⁰. ———				
$\frac{4}{5}$	*Caisse à effets à recev.* . 400				
	Touché le montant de la T^{te} de				
	Dubois, s/ Féret de Blois.	400		400	
	——— 20 d⁰. ———				
$\frac{5}{1}$	*Effets à payer à Caisse..* . 3050				
	Solde du B/ Simonneau de Nancy.	3050		3050	
	——— 21 d⁰. ———				
$\frac{5}{7}$	*Bertin d'Auxerre, A eff. à pag.* 700				
	M/ B/ à s/ o/ an 10 juin, p/ solde de				
	C^{pte}.	700		700	
	——— 23 d⁰. ———				
$\frac{9}{1}$	*Camion de Paris, à Caisse.* 3000				
	M/ prêt audit sieur, remb. à 3 mois.	3000		3000	
	——— 24 d⁰. ———				
$\frac{3}{1}$	*Augier de Sens, à Caisse.* 30000				
	M/ versement à Robert p/ compte				
	dudit sieur.	3000		3000	
	——— 25 d⁰. ———				
9	*Divers à Gabaux de Paris,* 10000				
	Emprunt que j'ai fait audit sieur.				
1	*Caisse..* 9775				
	Versement de Gabaud.	9775			
	Transporté sur l'autre page. . . .	414796	11	405021	94

Folio 9.

	Transporté de l'autre page. . . .	414796	94	405021	94
8	*Profits et pertes.* 225				
	Montant de l'intérêt 2 ¼ %, p/ deux mois retenus à l'avance. . .	225		10000	
	———— 28 FÉV. ————				
2	*Divers à march. gén.* . . . 5800				
	Vente à Bernard de Meaux, de *quarante tonneaux vin Bourgogne*, à fr. 145 le ton.				
5	*Effets à payer.* 4000				
	Tte s/ moi, au 15 juillet, que m'a remis ledit sieur.	4000			
9	Bernard de Meaux. . . . 1800				
	En compte.	1800		5800	
		420821	94	420821	94
	———— 1er MARS. ————				
9/1	*Dép. de maison à Caisse.* 400				
	Versements à divers p/ dép. de février..	400		400	
	———— 2 d°. ————				
8/1	*Frais gén. à Caisse.* . . . 500				
	Menus frais faits en février. . . , .	500		500	
	———— 3 d°. ————				
2/5	*Beaudry* de Charenton à *Eff.* à payer. 800				
	M/ B/ de plaisir o/ dudit sieur, au 4 mai.. . , ...	800		800	
	———— 5 d°. ————				
8/1	*Frais gén. à Caisse.* . . . 154,25				
	Versement p/ imposition pendant 6 mois..	154	25	154	25
	———— 7 d°. ————				
8/1	*Frais gén. à Caisse.* 359				
	Ce que j'ai compté à m/ voiturier p/ divers chargements.	359		359	
	———— 9 d°. ————				
8/1	*Frais gén. à Caisse.* . . . 400				
	Payé à m/ commis s/ trimestre.. .	400		400	
	———— 10 d°. ————				
1/9	*Caisse à dép. maison.* . . 1200				
	Versement de m/ deux élèves p/ leur pension pendant 6 mois.	1200		1200	
	Transporté sur l'autre page. . .	424635	19	424635	19

Folio 10.

	Transporté de l'autre page. . . .	424635	19	424635	19
	——— 12 MARS. ———				
8/3	*Profits et pertes à Augier* 5237,29				
	Perte que me fait supporter ledit sieur mort mon débiteur et insolvable pour cette somme. . . .	5237	29	5237	29
	——— 13 *d⁰*. ———				
4/2	*Pinson* de la Ferté, *à immeubles* 18150				
	Vente que j'ai faite audit sieur p^ble à un mois, de m/ terre de Boutigny, à fr. 605 l'hectare. . .	18150		18150	
	——— 14 *d⁰*. ———				
1/2	*Immeubles à Caisse*. . . . 2500				
	Versements à divers ouvriers p/ réparations faites à m/ maison d'Orléans.	2500		2500	
	——— 16 *d⁰*. ———				
8/1	*Frais gén. à Caisse*. . . . 200				
	A m/ garçons de mag. leur mois. .	200		200	
	——— 18 *d⁰*. ———				
2	*Divers à march. gén.* . . 1340				
	Vente à Mainfroi de Sèvres, de *vingt* p^ces *vin Orléans*, à 67 fr.				
1	*Caisse*. 500				
	Versement dudit sieur.	500			
5	*Effets à recevoir*. 475				
	B/ dudit sieur, au 3 juin.	475			
2	*Marchandises gén.* . . 349				
	Fourniture que m'a faite ledit sieur d'un millier bouteilles Sèvres. .	349			
9	*Mainfroi* de Sèvres. . . . 16				
	En compte.	16		1340	
	——— 19 *d⁰*. ———				
2	*March. gén. à divers*. . . 1045				
	Achat à Pillet de Cognac, de *cinq ton. eau-de-vie*, à fr. 209.				
1	*A Caisse*. 1018,88				
	M/ versement.	1018	88		
8	*A profits et pertes*. . . . 26,12				
	Montant de l'esc^te 2 1/2 p. % que m'a abandonné ledit sieur.	26	12	1045	
	Transporté sur l'autre page. . . .	453107	48	453107	48

Folio 11.

	Transporté de l'autre page. . . .	453107	48	453107	48
	———— 20 MARS. ————				
$\frac{3}{1}$	*Meubles à Caisse.* 1250				
	Achat d'un meuble de salon. . . .	1250		1250	
	———— 24 d⁰. ————				
$\frac{9}{1}$	*Dépenses de maison à Caisse.* 250				
	M/ versement p/ un trimestre de la				
	pension de m/ fils.	250		250	
	———— 25 d⁰. ————				
$\frac{1}{6}$	*Caisse à rentes.* 7000				
	Versement des époux Michel, afin				
	que je leur serve une rente an-				
	nuelle et viagère, de fr. 800. . .	7000		7000	
	———— 28 d⁰. ————				
$\frac{7}{1}$	*Grenier* de Châlons à *Caisse.* 800				
	Ce que j'ai compté audit sieur pour				
	solde de tout compte.	800		800	
	———— 30 d⁰. ————				
$\frac{9}{8}$	*March. gén. à frais gén.* . . 4613,25				
	Solde de C^pte; montant des frais				
	qu'à nécessités m/ commerce				
	pendant le trimestre.	4613	25	4613	25
	———— d⁰. ————				
$\frac{9}{6}$	*Dép. de Maison à prof. et pert.* 550				
	Solde de C^pte; montant de m/ bé-				
	néfice s/ ce dernier compte, de-				
	puis 3 mois.	550		550	
	———— d⁰. ————				
$\frac{9}{8}$	*March. gén. à prof. et pert.* 259,50				
	Solde de C^pte; bénéfice que j'ai fait				
	s/ mes march. depuis le dern/				
	inventaire..	259	50	259	50
	———— d⁰. ————				
$\frac{9}{8}$	*Immeubles à prof. et pert.* 4650				
	Solde de C^pte; rapport de m/ im-				
	meubles depuis trois mois. . . .	4650		4650	
	———— d⁰. ————				
$\frac{8}{6}$	*Prof. et pert. à rentes.* . . 125				
	Solde de C^pte; rentes que j'ai servies				
	depuis que j'ai arrêté m/ C^pte. .	125		125	
	Transporté sur l'autre page. . . .	472605	23	472605	23

Folio 12.

		Transporté de l'autre page. . . .	472605	23	472605	23
		——— *d⁰.* ———				
8/6		*Prof. et pert. à Capital.* . . 142,09				
		Solde de Cᵖᵗᵉ; m/ bénéf. net de-				
		puis janvier.	142	09	142	09
			472747	32	472747	32
		——— *d⁰.* ———				
9		*Bilan de sortie à divers.* 202593,35				
		Solde de Cᵖᵗᵉ; montant de m/ actif.			202593	35
1		*A Caisse.*. 70469,80				
		Solde de Cᵖᵗᵉ; espèces en caisse.. .	70469	80		
2		*A immeubles.* 27000				
		Solde de Cᵖᵗᵉ; immeuble ci-dessous				
		décrit :				
		Une maison sise à Orléans, rue				
		Neuve, n. 3 estimée d'après s/				
		coût, les réparations et agrandis-				
2		sements qui y ont été faits. . . .	27000			
		A march. gén. 24321.25				
		Solde de Cᵖᵗᵉ; marchandises ci-des-				
		sous décrites, encore en magasin.				
	19000,25	*Cinq mille soixante-sept*				
		bouteilles liqueur, es-				
		pèce et qualité diffé-				
		rentes, estimées 3,75				
		la bouteille :				
	1210	*Onze ton. vin Bourgogne*				
		variés, estimés 100 fr.				
		le ton.				
	1120	*Dix ton. Bordeaux com-*				
		mun, estimés fr. 112				
		le ton.				
	1041	*Cinq barriques eau-de-*				
		vie, estimées 208 fr.				
		25 c. la barrique.				
	1950	*Trente pièces vin Or-*				
	24321,25	*léans,* estimées fr. 65				
		la pièce.	24321	25		
3		*A meubles.* . . 11250				
		Solde de Cᵖᵗᵉ; meubles				
		à m/ usage.	11250			
		A débiteurs en Cᵖᵗᵉ;				
		47582,30				
		Transporté sur l'autre				
		page.	605788	37	675340	67

Folio 13.

			Transporté de l'autre page.	605788	37	675340	67
			Solde de C^{pte}; m/ débiteurs ci-dessous désignés :				
3	3000		Augier de Sens.				
3	4729		Mathieu de Lyon.				
3	1558	30	Lesage de Besançon.				
4	475		Arnould de Rambouillet				
4	789		Pillas de St.-Germain en Laye.				
4	1265		Bernier d'Angerville.				
4	18150		Piuson de la Ferté.				
7	12000		Pénot de Linas.				
9	3000		Camion de Paris.				
9	1800		Bernard de Meaux.				
9	800		Beaudry de Charenton.				
9	16		Mainfroi de Sèvres.	47582	30		
5			*A effets à recevoir.* 21970				
			Solde de C^{pte}; Effets en portefeuille, audit jour :				
	5629		B^{ts} Langlois de Bordeaux				
	900		Laurencin de Lyon,				
	4158		Beaulieu de Pontoise.				
	365		Haury de Rouen.				
	435		Francisco de Paris.				
	900		Duplessis de Chartres.				
	2554		Robert de Bourdan.				
	475		Mainfroi de Sèvres.				
	785		T^{tes} de Rib s/ Péan de Tours.				
	200		Moreau s/ Boutard de Paris.				
	300		Simon s/ Terrier de Rheims.				
	1269		Pillas s/ Granger de Tours.				
	4000		Brie s/ Rigneux de Versailles.	21970			
			Transporté sur l'autre page.	675340	67	675340	67

Folio 14.

			Transporté de l'autre page.	675340	67	675340	67
9			——— 30 MARS ———				
			Divers à bilan de sortie. 202593,35				
5			Solde de C^pte; montant de m/ passif.			202593	35
			Effets à payer. 13773,25				
			Solde de C^pte; Ceux en circulation et ci-dessous portés ;				
	249		B^ts o/ Robert de Lyon.				
	775		Laurençon de Bordeaux.				
	1200		Lelièvre de Bourdan.				
	1500		Philippeau d'Angers.				
	550		Brossard de Lysieux.				
	1000		Barry d'Auxerre.				
	664	25	Laurent de Paris.				
	700		Bertin d'Auxerre.				
	800		Beaudry de Charenton				
	800		T^te de Moreau de Corbeil				
	900		Biset de Linas.				
	460		Bigot de Mantes.				
	700		Vezard de Pithiviers.				
	500		Gousset d'Amiens.				
	2975		Arnould de St.-Quentin.			13773	25
6			*Rentes.* 29500				
			Solde de C^pte; fonds des rentes que je sers aux suivants :				
	10000		A Xavier de Paris, une rente de fr. 500 à 5 p/ %.				
	12500		A Fournier de Paris, une rente annuelle et viagère de fr. 1500, à 12 p/ %.				
	7000		Aux époux Michel, une rente annuelle et viagère de fr. 800, à 11.44 p/ %.			29500	
			Transporté sur l'autre page.	718613	92	877934	02

Folio 15.

		Transporté de l'autre page.	718613 92	877934 02
		Créanciers en C^{pte} courant. 53032		
		Solde de compte ; m/ créanciers ci-dessous nommés :		
4	589	Baron de Pontoise.		
5	738	Legris d'Orléans.		
6	7848	Herpin de St.-Germain.		
6	200	Picot de Laon.		
7	400	Boudet de Nantes.		
7	6589 34	Garran de Nevers.		
7	5000	Mallet de Bordeaux.		
7	20250	Bastard d'Orléans.		
8	1268	Barry d'Auxerre.		
9	150	Picard d'Orléans.		
9	10000	Gabaux de Paris.	53032 34	
6		*Capital.* . . . 106287,76		
		Solde de compte ; différence entre m/ actif et m/ passif ou m/ avoir liquidé..	106287 76	
		Total.	877934 02	877934 02

————— AVRIL 1er. —————

2		*Divers à bilan d'entrée.* 202593,35		
		Montant de m/ actif. . .		202593 35
1		*Caisse.* . . . 70469,80		
		Espèces qui s'y trouvent.	70469 80	
2		*Immeubles..* 27000		
		Celui ci-dessous décrit :		
		Une maison , etc. . . .	27000	

§ II.

Du Grand-Livre.

D. Qu'est-ce que le grand-livre ?

R. Un livre (ordinairement plus grand que les autres) sur lequel on transporte en leurs comptes respectifs les différents articles qui composent le journal.

D. A quoi sert ce livre ?

R. A présenter au commerçant la situation des différents comptes ouverts par lui, conséquemment la sienne; aussi l'appelle-t-on encore livre de raison.

D. Comment se divise et se règle le grand-livre?

R. Le grand-livre se divise, comme il a déjà été dit, en comptes, qui se subdivisent à leur tour en deux parties disposées et intitulées comme aux livres de caisse et d'échéances. Chacune de ces deux parties se règle ainsi : 1° une double colonne pour les dates, 2° une colonne pour recevoir le nom des comptes débités ou crédités en opposition à ceux qu'on débite ou qu'on crédite, 3° une colonne pour les détails, 4° une colonne pour les numéros des pages du journal sur lesquelles sont passés les articles qu'on transporte au grand-livre, 5° une colonne pour les numéros des pages du grand-livre sur lesquelles sont ouverts les comptes opposés, 6° une colonne pour les sommes.

D. Comment se fait le transport des articles du journal au grand-livre ?

R. Le grand-livre ayant été réglé comme il a été dit plus haut, on y écrit, à des distances plus ou moins éloignées, selon la quantité d'articles qu'on prévoit devoir passer, les titres de tous les comptes ouverts au journal, et de chaque côté de ces titres, les mots *doit* et *avoir*, le premier sur la page gauche, le second sur la droite. On tire ensuite un double trait au-dessous, dans toute la largeur du livre. Le registre est alors préparé pour recevoir les articles, qu'on prend successivement au journal, après avoir indiqué par un numéro placé dans une colonne réservée à cet effet sur ce livre, la page du grand-livre sur laquelle on les transporte, et qu'on porte au *doit*, si le compte est débité, et à *l'avoir* s'il est crédité, en suivant la marche qui a été tracée quand il a été question de la réglure.

D. Donnez un modèle du grand-livre.

Folio 1. **Doit** CAIS-

Date		Compte	Libellé			Montant	
1833 janv.	1	A Bilan d'entrée	Espèces faisant partie de mon actif	1	2	20000	
d°	3	A Marchand. gén.	Versement de Francisco	4	2	435	
d°	10	A Marchand. gén.	Versement de Dussieu	5	2	492	76
d°	15	A Profits et Pertes	Ma commission sur les vins Thomassin	5	8	54	
d°	22	A Marchand. gén.	Versement de Carrier	5	2	3510	
d°	24	A Effets à recevoir	Versement de Bastard pour billet négociable	6	5	6401	85
						30893	61
d° février	3	A Immeubles	Versement de Pénot	7	2	12000	
d°	1	A Capital	Succession de ma tante	6	6	35000	
d°	11	A Immeubles	Versement de Rabourdin	7	2	1000	
d°	15	A Boutard	Versement de Boutard	8	3	3945	17
d°	20	A Effets à recevoir	Touché la traite de Dubois sur Féret	8	5	400	
d°	25	A Gabaux, de Paris	Versement du dit sieur	8	9	9777	
						93013	78
d° mars	10	A Dépense maison	Pension de mes élèves pour 6 mois	9	9	1200	
d°	18	A Marchan. gén.	Versement de Mainfroi	10	2	500	
d°	25	A Rentes	Versement des époux Michel.	11	6	7000	
						101713	78
d° avril	1	A Bilan d'entrée	Espèces faisant partie de mon actif.	55	2	70469	80

-SE. **Avoir.** Folio 1.

Date		Compte	Libellé			Montant	
1833 janv.	20	Par Frais généraux	Mon versement à Renard pour loyer	5	8	3000	
d°	23	Par Effets à recev.	Mon versement à Picard pour billets escomptés	6	5	4486	85
d°	27	Par Immeubles	Versement à Bastard pour 1/4 sur sa maison	6	2	6750	
						14236	85
d° février	10	Par Rentes	Mon versement à Xavier pour 1/4 de sa rente	7	6	125	
d°	20	Par Effets à payer	Soldé le billet Simonneau	8	5	3050	
d°	23	Par Camion, de Par.	Mon prêt au sieur	8	9	3000	
d°	24	Par Augier, de Sens	Mon versement à Robert pour compte Augier	8	8	3000	
						23411	85
d° mars	1	Par Dép. maison	Dépenses faites en févr.	9	9	400	
d°	2	Par Frais généraux	Menus frais faits en févr.	9	8	500	
d°	5	Par Frais généraux	Contributions de 6 mois	9	8	154	25
d°	7	Par Frais généraux	Mon versement à mon voiturier	9	8	359	
d°	9	Par Frais généraux	Payé à mon commis son trimestre	9	8	400	
d°	14	Par Immeubles	Réparations de ma maison d'Orléans	10	2	2500	
d°	16	Par Frais généraux	Payé à mes garçons de magasin leur mois	10	8	200	
d°	19	Par March. génér.	Mon versement à Pillet de Cognac	10	2	1018	88
d°	20	Par Meubles	Achat d'un meuble de salon	11	3	1250	
d°	24	Par Dép. maison	Payé un trimestre de la pension de mon fils	11	9	250	
d°	28	Par Grenier de Châ.	Mon versement à Grenier pour solde	11	7	800	
						31243	98
d°	31	Par Bilan de sortie	Solde de compte, argent en caisse	12	9	70469	80
						101713	78

Folio 2. **Doit**   **BILAN D'ENTRÉE.**   **Avoir.** Folio 2.

Date								Date						
1833 janv.	1	A divers	Montant de mon Passif	3	div	134833	26	1833 janv.	1	Par Divers	Montant de mon Actif	1	div.	134833	26
								do avril	1	Par Divers	Montant de mon Actif	15	div.	202593	35

Doïvent   **IMMEU- BLES.**   **Avoir.**

1833 janv.	1	A Bilan d'entrée	Ceux faisant partie de mon actif	1	2	36000		1833 févr.	3	Par Divers	Vendu à Pénot ma maison de Sèvres	7	1.7	24000	
do	27	A Divers	Maison d'Orléans achetée	6	1.7	27000		do	11	Par Caisse	Loyer pendant un an, de m/ terres	7	1	1000	
						63000								25000	
do mars	14	A Caisse	Réparations de ma maison d'Orléans	10	1	2500		do mars	13	Par Pinson	Vente au dit sieur, de m/ terres	10	4	18150	
do	30	A Profits et pertes	Mon bénéfice sur mes immeubles	11	8	4650								43150	
						70150		do	30	Par Bilan de sortie	Solde de compte	12	9	27000	
do avril	1	A Bilan d'entrée	Celui figurant dans mon actif	15	2	27000								70150	

Doïvent   **MARCHAN- DISES GÉNÉRALES.**   **Avoir.**

1833 janv.	1	A Bilan d'entrée	Celles faisant partie de mon actif	2	2	27864	50	1833 janv.	3	Par Divers	Vendu à Francisco 6 tonneaux Bourgogne	4	5.1	870	
do	6	A Divers	Achat à Barry de 27 tonneaux Bourgogne	4	5.8	2268		do	10	Par Divers	Vendu à Dussieu 4 tonn. Bordeaux	5	1.8	508	
do	19	A Profits et pertes	10 tonn. Bord. donnés par mon père	5	8	1090		do	22	Par Divers	Vente à Carrier de 20 tonn. Bordeaux	5	1.8	3600	
						31222	50							4978	
do février	14	A Divers	Achat à Picard de 50 pièces Orléans	7	5.9	2950		do février	12	Par Effets à recev.	Vente à Brice de 1000 bout. anisette	7	5	4000	
						34172	50	do	28	Par Divers	Vente à Bernard de 40 tonn. Bourgogne	9	1.9	5800	
do mars	18	A Elles-mêmes	Pour 1000 bouteil. fournies par Mainfroi	10	2	349								14778	
do	19	A Divers	Achat à Pillet de 5 bar. eau-de-vie	10	4.8	1045		do mars	18	Par Divers	Vente à Mainfroi de 20 pièces Orléans	10	div.	1340	
do	30	A Frais généraux	Solde de compte	11	8	4613	25							16148	
do	30	A Profits et pertes	Solde de compte.	11	8	259	50	do	30	Par Bilan de sortie	Solde de compte. Marchandises en magasin	12	9	24321	25
						40439	25							40439	

Folio 3. **Doivent** **MEU-BLES.** **Avoir.** Folio 3.

Doit								Avoir						
1833 janv.	1	A Bilan d'entrée	Ceux faisant partie de mon Actif	2	2	10000		1833 mars	30	Par Bilan de sortie	Solde de compte	12	9	11250
						10000								
d° mars	20	A Caisse	Achat d'un meuble de salon	11	1	1250								
						11250								

Doit **AUGIER DE SENS.** **Avoir.**

Doit								Avoir						
1833 janv.	1	A Bilan d'entrée	Sa dette faisant partie de mon Actif	2	2	5237 29		1833 mars	12	Par Profits et pert.	Ce que me fait perdre Augier	10	8	5237 29
						5237 29								5237 29
d° février	24	A Caisse	Ce que j'ai compté à Robert	8	1	3000		d°	30	Par Bilan de sortie	Solde de compte	13	9	3000
						8237 29								8237 29

Doit **MATHIEU DE LYON.** **Avoir.**

Doit								Avoir						
1833 janv.	1	A Bilan d'entrée	Sa dette faisant partie de mon Actif	2	2	4729		1833 mars	30	Par Bilan de sortie	Solde de compte	13	9	4729

Doit **BOUTARD DE MACON.** **Avoir.**

Doit								Avoir						
1833 janv.	1	A Bilan d'entrée	Sa dette faisant partie de mon Actif	2	2	3945 17		1833 févr.	15	Par Caisse	Versement de Boutard pour solde	8	1	3945 17

Doit **LESAGE DE BESANÇON.** **Avoir.**

Doit								Avoir						
1833 janv.	1	A Bilan d'entrée	Sa dette faisant partie de mon Actif	2	2	1558 30		1833 mars	30	Par Bilan de sortie	Solde de compte.	13	9	1558 30

Folio 4. **Doit**　　ARNOULD DE RAMBOUILLET.　　**Avoir.**　Folio 4.

| 1833 janv. | 1 | A Bilan d'entrée | Sa dette faisant partie de mon Actif | 2 | 2 | 475 | 1833 mars | 30 | Par Bilan de sortie | Solde de compte | 13 | 9 | 475 |

Doit　　BENIER D'ANGERVILLE.　　**Avoir.**

| 1833 janv. | 1 | A Bilan d'entrée | Sa dette figurant dans mon Actif | 2 | 2 | 1265 | 1833 mars | 30 | Par Bilan de sortie | Solde de compte | 13 | 9 | 1265 |

Doit　　PILLAS DE ST.-GERMAIN.　　**Avoir.**

| 1833 janv. | 1 | A Bilan d'entrée | Sa dette figurant dans mon Actif | 2 | 2 | 789 | 1833 mars | 30 | Par Bilan de sortie | Solde de compte | 13 | 9 | 789 |

Doit　　ROSIER DE PARIS.　　**Avoir.**

| 1833 janv. | 1 | A Bilan d'entrée | Sa dette figurant dans mon Actif | 2 | 2 | 747 | 1833 févr. | 5 | Par Profits et pert. | Perte que me fait supporter Rosier | 7 | 8 | 747 |

Doit　　PINSON DE LA-FERTÉ.　　**Avoir.**

| 1833 mars | 13 | A Immeubles | Ce qui reste à payer pour mes terres | 10 | 2 | 18150 | 1833 mars | 30 | Par Bilan de sortie | Solde de compte | 13 | 9 | 18150 |

Doit　　BARON DE PONTOISE.　　**Avoir.**

| 1833 mars | 30 | A Bilan de sortie | Solde de compte | 15 | 9 | 589 | 1833 janv. | 1 | Par Bilan d'entrée | Sa créance figurant dans mon Passif | 3 | 2 | 589 |

Doit　　LAURENT DE PARIS.　　**Avoir.**

| 1833 févr. | 8 | A Effets à payer | Mon Billet à son ordre, au 20, pour solde | 7 | 5 | 664 25 | 1833 janv. | 1 | Par Bilan d'entrée | Sa créance figurant dans mon Passif | 3 | 2 | 664 25 |

Folio 5. **Doivent** — **EFFETS À RECEVOIR.** — **Avoir.** **Folio 5.**

Doivent — EFFETS À RECEVOIR

1833 janv.	1	A Bilan d'entrée	Ceux figurant dans mon Actif	2	2	22223	
do	3	A March. génér.	Billet Francisco, au 5 mars	4	2	435	
do	23	A Divers	Billets Duplessis, Robert, Pillas, escomptés	5	1.8	4723	
						27381	
do févr.	12	A March. génér.	Traite de Brice sur Rigueux, 15 mai	7	2	4000	
						31381	
do mars.	18	A March. génér.	Billet de Mainfroi, au 3 juin	10	2	475	
						31856	

Avoir — EFFETS À RECEVOIR

1833 janv.	24	Par Divers	Billets Bonté, Rousseau, etc. nég.	6	1.8	6686	
						6686	
do févr.	14	Par March. génér.	Billets Prévost et Grandin	8	2	2800	
do	20	Par Caisse	Traite de Dubois sur Féret	8	1	400	
						9886	
do mars	30	Par Bilan de sortie	Solde de compte	13	9	21970	
						31856	

Doivent — EFFETS À PAYER — Avoir.

Doivent — EFFETS À PAYER

1833 févr.	20	A Caisse	Soldé le Billet Simonneau	8	1	3050	
do	28	A March. génér.	Traite que m'a remise Bernard	9	2	4000	
						7050	
do mars..	30	A Bilan de sortie	Solde de compte	14	9	13773	25
						20823	25

Avoir — EFFETS À PAYER

1833 janv.	1	Par Bilan d'entrée	Ceux figurant dans mon Passif	8	2	14684	
do	6	Par March. génér.	Mon Billet ordre Barry	4	2	1000	
						15684	
do février	8	Par Laurent	Mon Billet ordre Laurent	7	4	664	25
do	18	Par Arnould s/ Q.	Traite que j'ai acceptée	8	6	2975	
do	21	Par Bertin	Mon Billet ordre Bertin	8	7	700	
						20023	25
do mars	3	Par Beaudry	Mon Billet de plaisir	9	9	800	
						20823	25

Doit — LEGRIS D'ORLÉANS. — Avoir.

Doit — LEGRIS D'ORLÉANS

1833 mars.	30	A Bilan de sortie	Solde de compte	15	9	738	

Avoir — LEGRIS D'ORLÉANS

1833 janv.	1	Par Bilan d'entrée	Sa créance figurant dans mon Passif	3	2	738	

Folio 6. **Doivent** **REN- TES.** **Avoir.** Folio 6.

Doit							Avoir					
1833 fév.	10	A Caisse	Payé à Xavier un quartier	7	1	125	1833 janv.	1	Par Bilan d'entrée	Fonds figurant dans mon passif	4 2	22500
						125						22500
d° mars	30	A Bilan de sortie	Soldé de compte	14	9	29500	d° mars	25	Par Caisse	Fonds fourni par les époux Michel	11 1	7000
						29625	d°	30	Par Profits et pert.	Rentes que j'ai servies	11 8	125
												29625

Doit **ARNOULD DE ST.-QUENTIN.** **Avoir.**

Doit							Avoir					
1833 févr.	18	A Effets à payer	Accepté sa traite pour solde	8	5	2975	1833 janv.	1	Par Bilan d'entrée	Sa créance figurant dans mon passif	3 2	2975

Doit **HERPIN DE ST.-GERMAIN.** **Avoir.**

Doit							Avoir					
1833 mars	30	A Bilan de sortie	Solde de compte	15	9	7848	1833 janv.	1	Par Bilan d'entrée	Sa créance figurant dans mon passif	3 2	7848

Doit **PICOT DE LAON.** **Avoir.**

Doit							Avoir					
1833 mars	30	A Bilan de sortie	Solde de compte	15	9	200	1833 janv.	1	Par Bilan d'entrée	Sa créance figurant dans mon passif	3 2	200

Doit **CAPI- TAL.** **Avoir.**

Doit							Avoir					
1833 mars	30	A Bilan de sortie	Solde de compte	15	9	106287 76	1833 janv.	1	Par Bilan d'entrée	Excédant de mon actif sur mon passif	4 2	71145 67
												71145 67
							d° février	1	Par Caisse	Succession de ma tante	6 1	35000
												106145 67
							d° mars	30	Par Profits et pert.	Bénéfice que j'ai fait	12 8	142 09
												106287 76

BOUDET DE NANTES.

Doit							Avoir					
1833 mars	30	A Bilan de sortie	Solde de compte	15	9	400	1833 janv.	1	Par Bilan d'entrée	Sa créance figurant dans mon passif	3 2	400

Doit **GARRAN DE** **NEVERS.** **Avoir.**

GARRAN DE NEVERS.

Doit							Avoir					
1833 mars	30	A Bilan de sortie	Solde de compte	15	9	6589 34	1833 janv.	1	Par Bilan d'entrée	Sa créance figurant dans mon passif	3 2	6589 34

Doit **BERTIN** **D'AUXERRE.** **Avoir.**

BERTIN D'AUXERRE.

Doit							Avoir					
1833 févr.	21	A Effets à payer	Mon Billet ordre Bertin pour solde	8	5	700	1833 janv.	1	Par Bilan d'entrée	Sa créance figurant dans mon passif	3 2	700

Doit **MALLET DE** **BORDEAUX.** **Avoir.**

MALLET DE BORDEAUX.

Doit							Avoir					
1833 mars	30	A Bilan de sortie	Solde de compte	15	9	5000	1833 janv.	1	Par Bilan d'entrée	Sa créance figurant dans mon passif	3 2	5000

Doit **GRENIER DE** **CHALONS.** **Avoir.**

GRENIER DE CHALONS.

Doit							Avoir					
1833 mars	28	A Bilan de sortie	Solde de compte	11	9	800	1833 janv.	1	Par Bilan d'entrée	Sa créance figurant dans mon passif	3 2	800

Doit **BASTARD** **D'ORLÉANS.** **Avoir.**

BASTARD D'ORLÉANS.

Doit							Avoir					
1833 mars	30	A Bilan de sortie	Solde de compte	15	9	20250	1833 janv.	27	Par Immeubles	Sa créance pour sa maison	6 2	20250

Doit **PÉNOT DE** **LINAS.** **Avoir.**

PÉNOT DE LINAS.

Doit							Avoir					
1833 févr.	3	A Immeubles	Dette du dit sieur pour maison	7	2	12000	1833 mars	30	Par Bilan de sortie	Solde de compte	13 9	12000

Folio 8.

Doivent — PROFITS ET PERTES. — Avoir. Folio 8.

Doivent

Date		Compte	Libellé			Montant	
1833 janv.	10	A March. génér.	Escompte 3 % s/ 508 fr.	5	2	15	24
d°	22	A March. génér.	d° 2 1/2 % s/ 3600 fr.	5	2	90	
d°	24	A March. génér.	d° 4 1/4 % s/ 6686 fr.	6	5	284	15
						389	39
d° février	5	A Rosier de Paris	Perte qu'il me fait porter	7	4	747	
d°	24	A Gabaux de Paris	Int. 2 1/4 % s/ 10000 fr.	8	9	225	
						1361	39
d° mars	12	A Augier de Sens	Perte qu'il me fait sup porter	10	2	5237	29
d°	30	A Rentes	Solde de compte	11	6	125	
d°	30	A Capital	Solde de compte	12	6	142	09
						6865	77

Avoir

Date		Compte	Libellé			Montant	
1833 janv.	15	Par Caisse	Commission s/ vins Thomassin	5	1	54	
d°	19	Par March. génér.	10 tonn. Bord. donnés par mon père	5	2	1090	
d°	28	Par Effets à recov.	Escompte 5 % s/ 4723 fr.	6	5	236	15
						1380	15
d° mars	19	Par March. génér.	Escompte 2 1/2 % sur 1045 fr.	10	2	26	12
d°	30	Par Dépense mais.	Solde de compte	11	9	550	
d°	30	Par March. génér.	Bénéfice sur mes marchandises	11	2	259	50
d°	30	Par Immeubles	Rapport de mes immeubles	11	2	4650	
						6865	77

Doivent — FRAIS GÉNÉRAUX. — Avoir.

Doivent

Date		Compte	Libellé			Montant	
1833 janv.	20	A Caisse	Loyer	5	1	3000	
d° mars	2	A Caisse	Menus frais de février	9	1	500	
d°	5	A Caisse	Contributions de 6 mois	9	1	154	25
d°	7	A Caisse	Versement à mon voiturier	9	1	359	
d°	9	A Caisse	d° à mon commis pour 3 mois	9	1	400	
d°	16	A Caisse	A mes garçons, leur mois	10	1	200	
						4613	25

Avoir

Date		Compte	Libellé			Montant	
1833 mars	30	Par March. génér.	Solde de compte	11	2	4613	25

Doit — BARRY D'AUXERRE. — Avoir.

Doit

Date		Compte	Libellé			Montant	
1833 mars	30	A Bilan de sortie	Solde de compte	15	9	1268	

Avoir

Date		Compte	Libellé			Montant	
1833 janv.	6	Par March. génér.	Ce que je dois à Barry	4	2	1268	

PICARD D'ORLÉANS

Doit

Date		Libellé	Détail			Montant
1833 mars	30	A Bilan de sortie	Solde de compte	15	9	150

Avoir

Date		Libellé	Détail			Montant
1833 févr.	14	Par March. génér.	Ce que je lui dois sur ses vins	8	2	150

CAMION DE PARIS

Doit

Date		Libellé	Détail			Montant
1833 févr.	23	A Caisse	Mon prêt au dit sieur	8	1	3000

Avoir

Date		Libellé	Détail			Montant
1833 mars	30	Par Bilan de sortie	Solde de compte	13	9	3000

GABAUX DE PARIS

Doit

Date		Libellé	Détail			Montant
1833 mars	30	A Bilan de sortie	Solde de compte	15	9	10000

Avoir

Date		Libellé	Détail			Montant
1833 févr.	25	Par Divers	Mon emprunt audit sieur	8	1.8	10000

BERNARD DE MEAUX

Doit

Date		Libellé	Détail			Montant
1833 févr.	28	A March. génér.	Detto du dit sieur	9	2	1800

Avoir

Date		Libellé	Détail			Montant
1833 mars	30	Par Bilan de sortie	Solde de compte	13	9	1800

MAINFROI DE SÈVRES

Doit

Date		Libellé	Détail			Montant
1833 mars	18	A March. génér.	Dette du dit sieur	10	2	16

Avoir

Date		Libellé	Détail			Montant
1833 mars	30	Par Bilan de sortie	Solde de compte	13	9	16

BEAUDRY DE CHARENTON

Doit

Date		Libellé	Détail			Montant
1833 mars	3	A Effets à payer	Mon Billet de plaisir à son ordre	9	5	800

Avoir

Date		Libellé	Détail			Montant
1833 mars	30	Par Bilan de sortie	Solde de compte	18	9	800

DÉPENSES DE MAISON

Doivent

Date		Libellé	Détail			Montant
1833 mars	1	A Caisse	Celles faites en février	9	4	400
do	24	A Caisse	Pension de mon fils	11	4	250
do	30	A Profits et pertes	Solde de compte	11	8	550
						1200

Avoir

Date		Libellé	Détail			Montant
1833 mars	14	Par Caisse	Pension de mes deux élèves	9	4	1200

BILAN DE SORTIE

Doit

Date		Libellé	Détail			Montant	
1833 mars	18	A Divers	Solde de comptes	12	div.	202593	35

Avoir

Date		Libellé	Détail			Montant	
1833 mars	30	Par Divers	Soldes des comptes	15	div.	202593	35

Du Répertoire.

D. Qu'est-ce que le répertoire?

R. Une table ordinairement jointe au grand-livre, sur laquelle sont classés par lettres alphabétiques les différents comptes qui y sont ouverts.

D. A quoi sert le répertoire?

R. A faire trouver facilement sur le grand-livre, à l'aide du n° de la page, placé dans une colonne, à droite, le compte dont on a besoin.

D. Donnez un modèle du répertoire.

R.   *Répertoire.*

A	Augier de Sens.	3
	Arnould de Rambouillet.	4
	Arnould de St.-Quentin.	6
B	Bilan d'entrée.	2
	Bilan de sortie.	9
	Boutard de Mâcon.	3
	Bernier d'Angerville.	4
	Baron de Pontoise.	4
	Boudet de Nantes.	7
	Bertin d'Auxerre.	7
	Barry d'Auxerre.	8
	Bastard d'Orléans.	7

B	Bernard de Meaux.	9
	Beaudry de Charenton.	9
C	Caisse.	1
	Capital.	6
	Camion de Paris.	9
D	Dépenses de maison.	9
E	Effets à recevoir.	5
	Effets à payer.	5
F	Frais généraux.	8
G	Garran de Nevers.	7
	Grenier de Châlons.	7
	Gabaux de Paris.	9
H	Herpin de St.-Germain-en-Laye.	6
I	Immeubles.	2
J		
K		
L	Lesage de Besançon.	3

L	Laurent de Paris.	4
	Legris d'Orléans.	5
M	Marchandises générales.	2
	Meubles.	3
	Mathieu de Lyon.	3
	Mallet de Bordeaux.	7
	Mainfroi de Sèvres.	9
N		
O		
P	Pillas de St.-Germain-en-Laye.	4
	Picot de Laon.	6
	Profits et pertes.	8
	Pénot de Linas.	7
	Picard d'Orléans.	9
	Pinson de la Ferté-Alepse.	4
Q		
R	Rosier de Paris.	4
	Rentes.	6
S		

§ III.

De la Balance.

D. Qu'est-ce que la balance?

R. Une opération par laquelle un négociant arrête et solde les différents comptes ouverts sur ses livres.

D. Qu'est-ce que solder un compte?

R. C'est en rendre le débit et le crédit égaux.

D. Comment rend-on le débit et le crédit d'un compte égaux.

R. En ajoutant au débit, s'il est le plus faible, et au crédit, si le crédit est le plus fort, pour établir l'égalité, une somme qu'on porte dans le même temps sur un autre compte, en la partie opposée à celle qu'on a augmentée sur le compte soldé.

D. Quels comptes servent à solder les autres?

R. Fonds et levées d'un associé sont soldés par le compte personnel de cet associé; frais généraux, marchandises en commission, compte de foire, par marchandises générales; meubles, immeubles, rentes, intérêts, par profits et pertes et bilan de sortie; dépenses de maison, par profits et pertes; profits et pertes, succession par capital; caisse, effets à recevoir, effets à payer, tous les comptes personnels ou de correspondants, par bilan de sortie. D'où il faut conclure que les comptes qui présentent de la perte ou du bénéfice sont soldés par profits et pertes, et que tous les autres, ce dernier excepté, le sont par bilan de sortie, dont le débit se trouve ainsi être égal à toutes les sommes ajoutées pour solde au crédit des autres comptes, et le crédit égal à toutes celles ajoutées aussi pour solde au débit des mêmes comptes.

D. A quoi sert la balance?

R. A faire connaître au commerçant l'état de chacun des comptes ouverts sur ses livres et celui de tous, c'est-à-dire ses bénéfices ou ses pertes depuis le dernier arrêté de compte, si exactement qu'il a la preuve mathématique de n'avoir pas commis d'erreur pour la valeur d'un centime.

D. A quoi le commerçant reconnaît-il qu'il n'a pas commis d'erreur dans l'inscription des sommes sur ses livres?

R. Si les sommes ont été portées fidèlement sur les livres, les débits des différents comptes, additionnés, doivent présenter un total égal à celui des crédits, aussi additionnés et au montant du journal.

D. Quels comptes présentent au commerçant d'abord les bénéfices ou les pertes faits par lui depuis qu'il a arrêté ses comptes, ensuite l'état de ses affaires?

R. Si le commerçant a gagné sur ses marchandises, l'excédant que présentera l'avoir de ce compte sur le doit, quand la soustraction aura été faite, lui fera connaître son gain; s'il a perdu, l'excédant du débit du même compte sur le crédit, sera le montant de la perte qu'il aura faite. L'excédant de l'avoir des comptes de meubles, immeubles, rentes, intérêts, profits et pertes, etc., sur le doit ou celui du doit sur l'avoir, lui fera de même connaître son bénéfice ou sa perte sur ces différents comptes. Quant à l'état de ses affaires, le compte de capital, profits et pertes ayant été soldés par lui, le lui mettra sous les yeux; il sera riche de l'excédant du crédit de ce compte sur son débit; ou endetté de l'excédant du débit sur le crédit. Une simple soustraction, faite sur les capitaux établis par les deux derniers inventaires, lui fera connaître la somme dont son avoir se sera accru ou aura diminué depuis le dernier arrêté de compte ou la dernière balance.

D. Quand la balance doit-elle être faite ?

R. La loi exige qu'elle le soit chaque année ; elle doit l'être, en outre, dans les cas de faillite, de mort et de liquidation de société.

D. Le travail de la balance ne peut-il pas être abrégé ?

R. Il peut l'être à l'aide de la balance mensuelle.

D. Qu'est-ce que la balance mensuelle ?

R. Une opération par laquelle le commerçant arrête chaque mois ses comptes, écrit le montant de leur débit et celui de leur crédit sur le grand-livre, au-dessous des sommes qui ont servi à les former, pour les joindre aux sommes qui composeront les montants du mois suivant ; les transporter sur une feuille détachée, réglée pour les recevoir, et appelée feuille des balances ; et les y additionner.

D. Pourquoi ce transport et cette addition ?

R. Pour vérifier les écritures de chaque mois.

D. Comment se fait cette vérification ?

R. Si les sommes produites par l'addition du débit et du crédit de chaque compte présentent, après avoir été réunies et additionnées sur la feuille des balances, des totaux égaux entre eux et égaux au montant du journal, arrêté et additionné en même temps que le grand-livre, on devra en conclure que les écritures du mois auront été bien passées.

D. Quels avantages peut-on tirer de la balance mensuelle?

R. L'exactitude des écritures de chaque mois ayant été établie, il n'y a plus à revenir sur ces écritures, lorsqu'on fait la balance générale, qui se trouve ainsi ne comprendre que les écritures d'un mois, lesquelles sont, par le moyen des transports qui ont été faits de celles des mois précédents, formées de toutes celles de l'année. En outre, à l'aide de la balance mensuelle, un négociant voit, mois par mois, l'état de ses comptes généraux, et la promptitude plus ou moins grande que ses débiteurs mettent à faire leurs remboursements; il se met encore à l'abri des infidélités d'un gérant, par la vérification qu'il peut faire en un moment de l'argent porté en caisse et des marchandises supposées en magasin.

D. Si l'addition du débit et du crédit d'un mois et celle des sommes portées au journal pendant le même mois, ne présentent pas des totaux égaux, comment trouve-t-on l'erreur?

R. Par le pointage.

D. Qu'est-ce que le pointage?

R. Une opération qui consiste à mettre un point à la suite des sommes portées tant au journal qu'au grand-livre, à mesure que l'identité en est connue ou établie.

D. Indiquez la marche que vous allez suivre pour faire la balance générale.

R. La feuille des balances ayant été préparée comme il sera indiqué ci-dessous, les noms des comptes ouverts au grand-livre et au journal, le n° de la page du grand-livre sur laquelle chaque compte se trouve; le montant

du débit et celui du crédit de chaque mois, y ayant été
placés en des colonnes destinées à les recevoir; le pointage, s'il y avait eu lieu, ayant été fait, je solderai frais généraux, dépenses de maison, succession, etc. J'évaluerai
ce que je possède en marchandises, meubles, immeubles, etc. J'en ajouterai, sans rien écrire encore sur mes
livres, la valeur au crédit de ces divers comptes; je com-
parerai le débit au crédit, et, s'il y a une différence, j'en
débiterai ou créditerai profits et pertes; selon qu'elle
constituera un bénéfice ou une perte, je solderai profits
et pertes par capital et capital, ainsi que tous les comptes
non encore soldés, par bilan de sortie. Les écritures con-
cernant le solde des comptes ayant été passées tant au
journal qu'au grand-livre de la manière ordinaire, je
transporterai sur la feuille des balances, dans une double
colonne placée à la suite de celle des mois, et sur la
même ligne, les diverses sommes composant le débit
et le crédit de bilan de sortie; j'écrirai ensuite dans le
dernier espace laissé libre, à droite, le montant du débit
ou du crédit, tel qu'il existe sur la feuille des balances;
au-dessous, le montant du débit et celui du crédit de
bilan de sortie; j'additionnerai ces trois sommes, et j'é-
crirai l'un au-dessus de l'autre d'abord le total trouvé,
et ensuite celui de tout le journal, qui devra être égal
au premier, s'il n'a pas été commis d'erreur. Il ne me
restera plus à faire que l'inventaire; mais l'inventaire
n'est que la traduction en langage ordinaire du bilan de
sortie du système des parties doubles. Je le ferai sur le
modèle de celui donné plus haut, au livre des inventaires; le débit de bilan de sortie en formera l'actif et
le crédit, moins la somme dont est débité capital, en
formera le passif.

D. Faites connaître la réglure de la feuille des balances et l'usage qu'on fait de cette réglure?

R. La feuille des balances se règle ainsi : 1° une colonne pour recevoir le nom des comptes ouverts; 2° une colonne renfermant le numéro de la page du grand-livre sur laquelle est placé chaque compte; 3° ma suite de colonnes, portant en tête le nom de chacun des mois de l'année, et destinées à recevoir séparément les montants des débits et ceux des crédits de ces mois; 4° une colonne intitulée bilan de sortie, réglée comme celles des mois, et contenant toutes les sommes dont est débité et crédité ce compte; 5° un espace pour le transport et l'addition du montant des mois, de bilan de sortie et du journal.

D. Donnez un modèle de la feuille des balances.

R. **BALAN-** **CES.**

COMPTES OUVERTS AU GRAND-LIVRE	F° du grand-livre	JANVIER Débit	JANVIER Crédit	FÉVRIER Débit	FÉVRIER Crédit	MARS Débit	MARS Crédit	BILAN DE SORTIE Débit	BILAN DE SORTIE Crédit
Bilan d'entrée	2	134833 26	134833 26	134833 26	134833 26	134833 26	134833 26		
Caisse	1	30893 61	14236 85	93013 78	23411 85	101713 78	81243 98	70469 80	
Immeubles	2	63000		63000	25000	70150	43150	27000	
Marchandises générales	2	31222 50	4978	34172 50	14778	40439 25	16118	24321 25	
Meubles	3	10000		10000		1250		11250	
Augier de Sens	3	5237 29		8237 29		8237 29	5237 29	3000	
Mathieu de Lyon	3	4729		4729		4729		4729	
Boutard de Mâcon	3	3945 17		3945 17		3945 17	3945 17		
Lesage de Besançon	3	1558 30		1558 30		1558 30		1558 30	
Arnould de Rambouillet	4	475		475		475		475	
Pillas de Saint-Germain	4	789		769		789		789	
Bernier d'Angerville	4	1265		1265		1265		1265	
Rosier de Paris	4	747		747		747	747		
Pinson de La Ferté	4					18150		18150	
Effets à recevoir	5	27381	6686	31381	9886	31856	9886	21970	
Effets à payer	5		15684	7050	20023 25	7050	20823 25		13773 25
Rentes	6		22500	126	22500	125	29625		29500
Baron de Pontoise	4		589		589		589		589
Laurent de Paris	4		664 25	664 35	664 25	664 25	664 25		
Legris d'Orléans	5		738		738		738		738
Arnould de Saint-Quentin	6		2975	2973	2965	2975	2975		
Herpin de Saint-Germain	6		7848		6857		7848		7848
Picot de Laon	6		200		200		200		200
Capital	6		71145 66		108145 67		106287 76		106287 76
Bouvet de Nantes	7		400		400		400		400
Garrau de Nevers	7		6589 34		6589 34		6589 34		6589 34
Bertin d'Auxerre	7		700	700	700	700	700		
Mallet de Bordeaux	7		5000		5000		5000		5000
Grenier de Châlons	7		800		800	800	800		
Bastard d'Orléans	7		20250		20290		20250		20250
Pénot de Linas	7			12000		12000		12000	
Profits et pertes	8	389 39	1380 15	1361 39	1380 15	6865 77	6865 77		
Frais généraux	8	3000		3000		4613 25	4613 25		
Barry d'Auxerre	8		1268		1268		1268		1268
Picard d'Orléans	9				150	150	150		
Camion de Paris	9		3000			3000		3000	
Gabaux de Paris	9				10000		10000		10000
Bernard de Meaux	9		1800			1800		1800	
Beaudry de Charenton	9					800		800	
Mainfroi de Sèvres	9					16		16	
Dépenses de maison	9					1200	1200		
Montant des additions du Gr.-Livre		319465 52	319465 52	420821 94	420821 94	472747 32	472747 32	202593 35	202593 35
Montant des additions du Journal		319565 52		420821 94		472747 32		202593 35	

BALANCE GÉNÉRALE

Balance mensuelle	472747 32
Bilan de sortie { Débit	202593 35
Bilan de sortie { Crédit	202593 35
Montant du Gr.-Livre	877934 02
Montant du Journal	877934 02

Certifié la présente Balance conforme à mes livres.

Bercy, le 1er avril 1833.

ARTAUT.

D. Présentez sous la forme ordinaire ou de l'inventaire le résultat des opérations dont vous avez passé les écritures, résultat déjà offert sous le nom de bilan de sortie et dans le langage des parties doubles.

R.   *Inventaire.*

Tant de l'argent en caisse, des immeubles, meubles, marchandises, effets en portefeuille, etc., que des dettes actives et passives de Jacques Artaut, au trente-et-un mars mil-huit-cent-trente-trois.

Actif.

Argent en caisse.	70469	80	70469	80
Immeubles : celui ci-dessous décrit :				
Une maison sise à Orléans, rue Neuve n. 3., estimée d'après son coût, les réparations et agrandissement qui y ont été faits.	27000		27000	
Marchandises en magasin : celles ci-dessous détaillées :				
Cinq mille soixante-sept bouteilles liqueurs, espèce et qualité différentes, estimées, l'une portant l'autre, à fr. 3 75. . .	19000	25		
Onze tonneaux vin Bourgogne, espèce et qualité différentes, à fr. 120 le tonneau.	1210			
Dix tonneaux vin Bordeaux commun, à fr. 112.	1120			
Transporté sur l'autre page. . .	21330	25	97469	80

Transporté de l'autre page. . . .	21330	25	97469	80
Cinq barriques eau-de-vie, à fr. 208,20 la barrique.	1041			
Trente pièces vin Orléans, à fr. 65 la pièce.*	1950		24321	25
Meubles et effets mobiliers. . .	11250		11250	
Débiteurs en C^{ptes} *courants.*				
Augier de Sens.	3000			
Mathieu de Lyon.	4729			
Lesage de Besançon.	1558	30		
Arnould de Rambouillet.	475			
Pillas de St.-Germain.	789			
Bernier d'Angerville.	1265			
Pinson de la Ferté.	18150			
Pénot de Linas.	12000			
Camion de Paris.	3000			
Bernard de Meaux.	1800			
Beaudry de Charenton.	800			
Mainfroi de Sèvres.	16		47582	30
Effets en portefeuille : ceux ci-dessous désignés :				
B^{ts} Langlois de Bordeaux. . . .	5629			
Laurencin de Lyon.	900			
Beaulieu de Pontoise.	4158			
Hanry de Rouen.	365			
Francisco de Paris.	435			
Duplessis de Chartres. . . .	900			
Robert de Bourdan.	2554			
Mainfroi de Sèvres.	475			
T^{tes} de Rib s/ Péan de Tours. .	785			
Moreau s/ Boutard de Paris. .	200			
Simon s/ Février de Reims. .	300			
Pillas s/ Granger de Tours. .	1269			
Brice s/ Rignaux de Versailles	4000		21970	
Mon actif s'élève à.			202593	35

Passif.

Effets à payer : ceux ci-dessous désignés :		
B^{ts} s/ Robert de Lyon	249	
Laurençon de Bordeaux	775	
Lelièvre de Bourdan	1200	
Philippeau d'Angers	1500	
Brossard de Lisieux	550	
Barry d'Auxerre	1000	
Laurent de Paris	664 25	
Bertin d'Auxerre	700	
Beaudry de Charenton	800	
T^{te} de Moreau de Corbeil	800	
Biset de Linas	900	
Bigot de Mantes	460	
Lézard de Pithiviers	700	
Sousset d'Amiens	500	
Arnould de St.-Quentin	2975	13773 25
Rentes. Fonds de celles que je sers aux suivants :		
A Xavier de Paris une rente de 500 fr. à 5 % l'an	10000	
A Fournier de Paris une rente viagère de fr. 1500, à fr. 12 % l'an	12500	
Aux époux Michel une rente annuelle et viagère de fr. 800, 11.44 %	7000	29500
Créanciers en Cptes Cts : ceux dont les noms suivent :		
Baron de Pontoise	589	
Legris d'Orléans	738	
Herpin de St.-Germain	7848	
Picot de Laon	200	
Bouvet de Nantes	400	
Garreau de Nevers	6589 34	
Transporté sur l'autre page	16364 34	43273 25

Transporté de l'autre page. . . .	16364	34	43273	25
Mallet de Bordeaux.	5000			
Bastard d'Orléans, ...	20250			
Barry d'Auxerre.	1268			
Picard d'Orléans.	150			
Gabeaux de Paris..	10000		53032	34
Mon passif s'élève à.			96305	59

Résumé.

Actif.		**Passif.**	
Argent en caisse. .	70469,80	Effets à payer. . .	13773,25
Immeubles. . . .	27000	Rentes.	29500
March. en mag. .	24321,25	Créanciers en C^{tes}.	53032,34
Meubles et effets mobiliers. . . .	11250	Total. . . .	96305,59
Débiteurs en Cte.	47582,30	Capital net ou m/ avoir liquidé. .	106287,76
Eff. en portefeuille	21970		
Total. . . .	202593,35	Total. . . .	202593,35

Capital établi par le présent iuventaire. . . . 106287,76

Capital établi par le dernier. 71145,67

Augmentation de mon avoir depuis 3 mois. . 35142,09

Certifié le présent inventaire conforme à mes livres.

Bercy, le 31 mars 1833.

ARTAUT.

§ IV.

Réouverture des Livres et des Comptes.

D. Comment ouvre-t-on les livres de nouveau, après les avoir fermés?

R. En suivant les règles tracées pour les ouvrir une première fois, c'est-à-dire en passant l'inventaire et le mémorial au journal, les articles du journal au grand-livre, comme il a été dit plus haut.

D. Que doit-on faire quand la place réservée sur le grand-livre à un compte devient insuffisante ?

R. On ouvre de nouveau ce compte à la suite de tous les autres, si la chose est possible, ou sur un autre livre, quand le premier est rempli, et, pour le distinguer de celui-ci, on ajoute à la suite de son nom, tant au grand-livre qu'au répertoire, la lettre B ou le chiffre 2. Si ce compte était le troisième ouvert, il prendrait la lettre C ou le chiffre 3. Cette disposition s'applique également aux livres : un premier journal ou un premier grand-livre prend le nom de journal A ou 1, grand-livre A ou 1 ; un second journal ou un second grand-livre s'appelle journal B ou 2, grand-livre B ou 2, etc.

ARTICLE III.

Instruction pratique.

D. Quels livres sont nécessaires à un commerçant en farines, pour établir sa comptabilité ?

R. Un livre d'inventaires, un livre de copies de lettres, un livre de dépenses de maison, un livre de frais généraux, un livre d'achats ou d'entrée, un livre de ventes ou de sortie, un carnet d'échéances, si les affaires à termes sont assez nombreuses pour en rendre l'ouverture nécessaire ; un livre de sacs vides, sur lequel on ouvre un compte à chacun des correspondants qui reçoivent et renvoient des sacs appartenant au commerçant ; un mémorial comprenant tout ce qui ne peut pas figurer sur les livres précédents, et pouvant, à l'aide de deux colonnes placées sur chaque page, à la droite et à la gauche, et consacrées à recevoir les recettes et les dépenses, servir de livre de caisse; un journal, un grand-livre renfermant un répertoire, une feuille pour recevoir les balances mensuelles, sauf les retranchements, additions et modifications qu'on jugera convenable de faire.

D. Quels livres devrait ouvrir un cultivateur qui, non pour satisfaire aux exigences de la loi, la loi n'obligeant pas les cultivateurs à tenir des livres, mais pour voir clairement l'état de ses affaires et diriger son exploitation avec plus d'assurance, voudrait passer écritures de ses opérations?

R. Il devrait ouvrir un livre d'inventaires, un livre de dépenses de maison, un livre d'ouvriers, un livre de frais généraux sur lequel seraient transportées de temps en temps les dépenses mentionnées aux deux précédents, un mémorial tenu comme il a été dit plus haut, un livre de notes sur lequel seraient exprimées, à mesure qu'elles se présenteraient, les idées qui pourraient survenir relativement à la culture, etc., un journal, un grand-livre, etc.

D. De quels livres un commerçant-fabricant doit-il faire usage?

R. D'un livre de copies de lettres, d'un livre d'inventaires, d'un livre d'ouvriers, d'un livre de frais généraux sur lequel il transportera, à chaque arrêté de compte, les sommes inscrites au précédent; d'un livre de dépenses de maison, d'un livre d'entrée des marchandises, d'un livre de sortie, d'un mémorial à deux colonnes pour la recette et la dépense, d'un livre d'échéances, d'un journal, d'un grand-livre, etc.

D. Quels sont les livres que doivent ouvrir les commerçants en détail?

R. Un livre de copies de lettres, un livre d'inventaires, un livre de caisse, un livre d'achats, un livre de ventes, un carnet d'échéances, un journal, un grand-livre, etc.

D. Dans quelles circonstances faut-il préférer le livre de magasin aux livres d'achats et de ventes ?

R. Le livre de magasin doit être préféré aux livres d'achats et de ventes, lorsque les marchandises sortent des magasins dans l'état où elles étaient quand on les y a fait entrer.

D. La comptabilité d'une société exige-t-elle l'ouverture de livres autres que ceux indiqués jusqu'ici comme suffisant à un seul commerçant ?

R. Non : rien à changer dans le cas de société. Les sociétaires sont considérés comme de simples correspondants; ils ont comme ces derniers un compte au grand-livre : ce compte est débité de tout ce qu'ils reçoivent de la société, et crédité de tout ce qu'ils lui fournissent.

FIN.

TABLE DES MATIÈRES.

Chapitre Ier.

Pages.

Du commerçant.   1

Chapitre II.

Des sociétés.   2

Chapitre III.

Des ateliers et des magasins.   4

Chapitre IV.

Des ventes et des achats.   6

Chapitre V.

Du billet à ordre.   8

Art. 1er. Billets pour lesquels le débiteur s'engage à
    payer lui-même. 10

  § 1. Du billet à ordre solidaire. 11
  § 2. Du billet au porteur. 11
  § 3. Du billet de banque. 12

Art. 2. Des billets par lesquels le débiteur s'engage
    à faire payer par un tiers. 12

  § 1. De la lettre de change. 12
  § 2. Du mandat. 15
  § 3. De la lettre de crédit. 16
  § 4. Du billet à domicile. 17

Chapitre VI.

Des promesses.   18
Art. 1er. De la promesse simple.   19
Art. 2. De la promesse solidaire.   19
Art. 3. De la promesse portant engagement de la femme mariée.   20
Art. 4. De la promesse portant engagement du mari et de la femme.   20
Art. 5. Du sous-seing privé.   21

Chapitre VII.

De quelques écritures en usage dans le commerce. . .   22
Art. 1er. De la quittance.   22
Art. 2. De la lettre de voiture.   22
Art. 3. De la facture.   23
Art. 4. Du mémoire.   24

Chapitre VIII.

De l'intérêt, de l'escompte et du change.   25

Chapitre IX.

Des bourses de commerce.   27

Chapitre X.

Des agents de change et des courtiers.   28

Chapitre XI.

Des commissionnaires.   29

Chapitre XII.

Des maîtres et des ouvriers.   31

Chapitre XIII.

Des faillites.   32

Chapitre XIV.

Des livres de commerce. 36

  Art. 1er. Des livres auxiliaires. 37

    § 1. Du livre de copies de lettres. 37

    § 2. Du livre des inventaires. 40

    § 3. Du mémorial. 42

Du livre d'achats. 51

Du livre de ventes. 53

Du livre de magasin. 53

Du livre de frais généraux. 56

Du livre de dépenses de maison. 56

Du livre de caisse. 57

Du livre des comptes des ouvriers. 60

Du livre des ouvriers en ville. 60

Du carnet d'échéances. 61

Du livre d'avis. 64

Du livre des ports de lettres. 64

Du livre des comptes courants portant intérêt. . . . 65

  Art. 2 Des livres principaux. 68

    § 1. Du journal. 75

    § 2. Du grand-livre. 91

Du répertoire. 112

    § 3. De la balance. 115

Balances. 122

Inventaire. 124

    § 4. Réouverture des livres et des comptes. . . . 127

  Art. 3. Instruction pratique. 128

FIN DE LA TABLE

BESANÇON. — IMPRIMERIE D'OUTHENIN-CHALANDRE FILS.